tudo é história

47

LEITURAS AFINS

Da Monarquia à República
Momentos decisivos
Emilia Viotti da Costa

O Ensino de História
Revisão urgente
Conceição Cabrini e outros

Estrutura Dinâmica do Antigo Sistema Colonial
Fernando A. Novais

O Extremo Oeste
Sérgio Buarque de Holanda

História Econômica do Brasil
Caio Prado Jr.

Série Redescobrindo o Brasil
A História em Quadrinhos

Cai o Império
República vou ver
Lilia Schwarcz e Angeli

Da Colônia ao Império
Um Brasil para inglês ver e latifundiário nenhum botar defeito
Lilia Schwarcz e Miguel Paiva

Carlos Henrique Davidoff

BANDEIRANTISMO

verso e reverso

8ª edição

editora brasiliense

Copyright © by Carlos Henrique Davidoff, 1982
Nenhuma parte desta publicaçãopode ser gravada,
armazenada em sistemas eletrônicos, fotocopiada,
reproduzida por meios mecânicos ou outros quaisquer
sem autorização prévia do editor.

Primeira edição, 1982
8ª edição, 1994
2ª reimpressão, 1998

Revisão: José W. S. Moraes e
José E. Andrade
Ilustrações: Emílio Damiani e Fábio Costa
Capa: 123 (antigo 27) Artistas Gráficos

editora brasiliense s.a.

MATRIZ: Rua Atucuri, 318 – Tatuapé – São Paulo – SP
cep: 03411-000 – Fone/Fax: (011) 6942-0545
VENDAS/DEPÓSITO: Rua Mariano de Souza, 664 – Tatuapé – São Paulo – SP
cep: 03411-090 – Fones: (011) 293-5858 – 293-0357 – 6942-8170 – 6191-2585
Fax: (011 294-0765

ÍNDICE

Introdução 7

*São Vicente e São Paulo de Piratininga: o cenário
    histórico do bandeirante* 11

*As bandeiras: solução de urgência para a pobreza
    dos paulistas* 25

*Escravidão indígenas e violência: o bandeirismo de
    apresamento* 31

Novas tentativas de fortuna: o ouro das Gerais 63

A questão do herói bandeirante 85

Indicações para leitura 95

*Para
Icléia, minha mulher, e
Fernanda, minha filha*

INTRODUÇÃO

Para boa parte das pessoas, o tema Entradas e Bandeiras provavelmente ainda evoque a imagem dos heróis paulistas do século XVII, dos "construtores épicos do Brasil", dos "aventureiros" que expandiram as fronteiras e em cujo rastro se fez a ocupação do interior e dos sertões. Para aqueles que de alguma forma tiveram um contato maior com o desenvolvimento contemporâneo da historiografia em nosso país, essa imagem ufanista provavelmente já está bem abalada, com a percepção de que se trata de uma versão lendária desse episódio colonial, em que a ideologia da historiografia oficial desempenhou um papel preponderante. Para outros, a referência ao tema deve despertar na consciência a vaga lembrança de uma quantidade razoável de fatos miúdos e de datas, de nomes ilustres e sítios geográficos, difíceis de serem memorizados, e repetidos incessantemente nos manuais tradicionais de História do Brasil.

Dessas três imagens, a mais cultivada e que contou com maior poder de difusão para o público foi a primeira, a dos "construtores épicos do Brasil", a dos heróis paulistas. E esta imagem foi construída cuidadosamente pela maior parte dos estudiosos das bandeiras, nas três primeiras décadas do nosso século, período áureo destes estudos em São Paulo. A famosa passagem sobre os bandeirantes, de Augusto Saint-Hilaire — viajante francês que percorreu grande parte do Brasil entre 1816-22 — indica bem o tom ao mesmo tempo epopéico e lendário que esteve na base desta tentativa de reconstrução do passado: "O interior do Brasil não foi sempre cortado por estradas e semeado de habitações hospitaleiras. Tempo houve em que não havia nenhuma cabana no mesmo, nenhum vestígio de cultura, só havendo as feras que lhe disputavam o domínio. Os paulistas palmilharam-no em todos os sentidos. Esses audaciosos aventureiros... penetraram por diversas vezes até o Paraguai; descobriram a província do Piauí, as minas de Sabará e de Paracatu; entraram nas vastas solidões de Cuiabá e Goiás, percorreram a província do Rio Grande do Sul; chegaram, em o norte do Brasil, até o Maranhão e o rio Amazonas; e, tendo transposto a cordilheira do Peru, atacaram os espanhóis nos centros de suas possessões. Quando se sabe, por experiência própria, quantas fadigas, privações, perigos que ainda hoje aguardam o viandante que se aventura nessas longínquas regiões e se toma conhecimento do itinerário das intermináveis incursões dos antigos paulistas, sente-se uma espécie de assombro, tem-se a impressão de que esses homens pertenciam a uma raça de gigantes". Aí está dado o tema principal que foi retomado pela historiografia paulista bandeirológica: o bandeirante como o herói civilizador que antecipa o tempo histórico da Nação no sertão bruto, disputando-o às "feras brutas e às vastas solidões".

Hoje, passados já mais de 50 anos do tempo em que se construía a epopéia dos bandeirantes, não é mais possível navegar nas mesmas águas, pois, contrastada com o conjunto mais amplo da produção historiográfica realizada sobre o Brasil Colônia e sobre as próprias bandeiras, ela parece francamente datada. Apesar disso, é preciso reconhecer que a versão tradicional continuou a ser um mito vivo, que em grande medida se perpetuou como imagem corrente do bandeirismo.

Se o intento é repensar este episódio evitando repetir o tema do culto aos ancestrais heróicos, é preciso recuperar os elementos históricos ocultados e esquecidos pela versão oficial, que devem permitir elaborar uma representação mais verossímil e um contraponto crítico à mitologia do bandeirantismo. É preciso indagar também de que maneira os que vieram para São Vicente e São Paulo desenvolviam sua vida material e quais os limites e condições dados pelo cenário histórico em que se movimentavam. Os colonizadores dessa região estavam envolvidos basicamente na luta pela subsistência material, e a possibilidade de obterem maior ou menor sucesso era dada, por um lado, pela própria maneira como se implantou a colonização entre nós e, por outro, pelas características específicas da capitania de São Vicente e da cidade de São Paulo de Piratininga. É a partir desse quadro que teremos condições de compreender os móveis iniciais que os levaram ao sertão, para, em seguida, passarmos ao desdobramento da história dos paulistas que partiam em busca da riqueza fácil que se revelava na figura do indígena nas florestas ou que apenas acenava com a promessa de tesouros fantásticos.

SÃO VICENTE E SÃO PAULO DE PIRATININGA: O CENÁRIO HISTÓRICO DO BANDEIRANTE

Uma das primeiras questões que se apresentam a quem entra em contato com o estudo do bandeirantismo é saber quais os fatores que fizeram com que uma região específica das novas terras descobertas — São Paulo — fosse o principal centro irradiador desse movimento. Levando em conta o sentido geral da colonização brasileira, em que se buscava implementar um sistema produtivo baseado na grande propriedade monocultora, na utilização da mão-de-obra escrava e na comercialização voltada para o mercado externo, causa uma certa surpresa ao observador o contraste que São Paulo desde cedo apresentou em relação ao modelo geral. E é exatamente essa especificidade que em grande parte permite explicar a emergência da figura histórica do bandeirante.

São vários os motivos que contribuíram para o surgimento de um núcleo de povoamento e ocupação diferenciado nesta área meridional da Colônia, em que pela primeira vez o colono procurou o planalto e em seguida o sertão, em detrimento do litoral. É preciso que nos detenhamos um pouco na sua caracterização para entender melhor o cenário de vida do paulista dos séculos XVI e XVII e os estímulos que o levaram a voltar-se para o sertão como fonte de sobrevivência material.

Primeiramente, deve-se lembrar que na capitania de São Vicente as próprias condições naturais da região não foram propícias à ação do colonizador português. A estreiteza de sua faixa litorânea e a má qualidade do solo das terras próximas à marinha agiram como sérios obstáculos para a consecução do empreendimento açucareiro. A esses fatores acrescenta-se o problema gerado pela própria posição excêntrica de São Vicente em relação aos centros europeus consumidores dos gêneros tropicais. Na época, os custos dos fretes para o transporte das mercadorias eram muito elevados, devido principalmente à insegurança da navegação a grandes distâncias, e só os produtos manufaturados e as chamadas especiarias do Oriente comportavam o seu pagamento. Deste modo, a região vicentina, muito distante da Europa, ficava comparativamente prejudicada no comércio ultramarino, ao contrário do que ocorria com a capitania de Pernambuco, que, por sua situação geografia, arcava com ônus menores na comercialização de seu produto, o açúcar.

A propósito, é revelador o contraste entre Pernambuco e São Vicente. A primeira capitania, contando com uma vasta planície litorânea, solos ricos e apropriados para a cultura da cana-de-açúcar e com a referida proximidade da Europa, tornou-se um pólo dinâmico da economia colonial brasileira, ao contrário do que ocorreu com São Vicente, que, dadas as condições adversas, durante longo tempo não chegou a apresentar um desenvolvimento material considerável.

Os primórdios do povoamento da área vicentina são na realidade anteriores às iniciativas oficiais e à vinda de Martim Afonso de Souza, donatário da capitania, em 1532. O porto do mesmo nome já era conhecido e constava dos mapas rudimentares da época. Tratava-se de uma incipiente feitoria estabelecida por particulares portugueses que exercia a função de entreposto para as esquadras que traficavam escravos. Aí se forneciam víveres para a navegação de longo curso, construíam-se embarcações — os bergantins da época — e contratavam-se os intérpretes da terra, então denominados "línguas". A ocupação do território pelo branco era irregular e esparsa, e as notícias da sua presença são dadas por viajantes, pelos jesuítas e pela tradição oral. Hans Staden, em sua obra *Viagem e Cativeiro entre os Indígenas*, refere-se à existência de uma "Casa Forte" em Bertioga, construída para a defesa contra os tupinambás. Por sua vez, as cartas dos jesuítas indicam a existência de muitos portugueses "vivendo em pecado mortal e sem confissão", desde 1510 e 1520, e da tradição consta ainda o nome do famoso "bacharel de Cananéia", que se estabelecera com seus genros negociantes em São Vicente e depois em Cananéia.

Criada a vila em 1535, São Vicente não sofreu grandes modificações, caracterizando-se por uma existência obscura e secundária e por uma vida material restrita. Do ponto de vista do empreendimento açucareiro, Frei Gaspar da Madre de Deus indica, para o período anterior a 1557, a existência de dez engenhos nas cercanias de São Vicente, Santos e Santo Amaro, número que Roberto Simonsen considera exagerado, a não ser que se tratasse de unidades muito pequenas. O mais importante deles foi o do Senhor Governador, mantido inicialmente por Martim Afonso de Souza, João Veniste, Francisco Lobo e Vicente Gonçalves. Posteriormente, passou a se chamar Engenho dos Armadores e em seguida São Jorge dos Erasmos, devido ao nome de seu novo proprietário, o holandês Erasmo Schetz. Simonsen afirma que apesar dos Schetz, de Antuérpia, terem enriquecido e enobrecido com os negócios do açúcar no Brasil, os documentos publicados sobre a sua rentabilidade não justificam a hipótese de que o enriquecimento se devesse apenas ao engenho vicentino.

Em realidade, a evolução da área litorânea foi muito pobre, e ainda no século XVIII os contratantes de sal justificavam os altos preços que cobravam pela venda do produto na região pela ausência de mercadorias que pudessem transportar quando voltavam para a Europa. Isto, apesar de a capitania ter sido "a primeira onde se fez açúcar, donde se levou planta das canas para as outras capitanias", no dizer de Frei Vicente do Salvador.

Contudo, não foram apenas os fatores naturais e a distância dos mercados consumidores que criaram obstáculo ao desenvolvimento econômico da região. Passados os primeiros anos, o surgimento de novos núcleos de povoamento na capitania, principalmente o de São Paulo, no planalto, iria contribuir para o rápido declínio da região litorânea.

Ao contrário do que ocorreu na baixada litorânea, o planalto apresentava condições naturais mais propícias à ação do colonizador. O próprio acesso através da serra é mais fácil na altura de São Vicente, e os campos de Piratininga — como era chamada a região de São Paulo pelos indígenas — ofereciam fortes atrativos para o colonizador europeu, dadas as características propícias do clima e do próprio tipo de vegetação da área, que não criava obstáculos à sua ocupação. Além disso, a existência da planície fluvial formada pelos rios Tietê, Pinheiros, Tamanduateí e afluentes criava condições favoráveis à atividade econômica. De enorme interesse para os colonos era a concentração de numerosas tribos indígenas nesses campos, e que poderiam ser utilizadas como uma vasta fonte de mão-de-obra escrava, elemento indispensável ao tipo de colonização empreendida.

O processo de ocupação do planalto paulista ocorreu rapidamente, relegando a um plano secundário São Vicente e Santos, que chegaram a correr o perigo de abandono total. Inicialmente, Martim Afonso de Souza proibiu o acesso dos colonos ao planalto, tentando fixá-los na região litorânea, mas, com a pressão por eles exercida, a região foi finalmente liberada em 1544 e, a partir desta data, a sua ocupação foi bastante rápida.

Como se sabe, o núcleo inicial da cidade de São Paulo foi o Colégio fundado pelos jesuítas, em 1554, "uma paupérrima e estreita casinha, tendo 14 passos de comprimento e 10 de largura, feita de barro e coberta de palha...", no dizer de Manuel da Nóbrega. Situado no alto de uma colina que faz parte do espigão que divide as águas dos rios Anhangabaú e Tamanduateí, com 25 a 30 m de altura, protegida por escarpas abruptas e acesso apenas por um lado, propiciava o controle sobre uma vasta área. As condições de defesa eram tão boas que levaram um observador da época a dizer de São Paulo que "esta terra se pode defender com cem homens de cem mil". Seis anos depois de sua fundação, o novo núcleo incorporou o vilarejo de Santo André da Borda do Campo. Este pequeno povoado fora criado por João Ramalho antes da vinda de Martim Afonso de Souza, no ponto em que se interrompe a serra do Mar e abrem-se os campos de Piratininga. Tratava-se de uma localidade que não apresentava boas condições naturais para o plantio, estando também constantemente sujeita a ataques dos indígenas, que utilizavam as matas da serra como ponto de apoio. Além disso, Santo André não contava com a existência de um rio que fornecesse pescado para a alimentação de seus habitantes e água para o gado. Dadas as facilidades comparativas oferecidas pela localização de São Paulo, tanto em seus aspectos naturais quanto de defesa, Mem de Sá "mandou que a vila de Santo André se passasse para junto da casa de São Paulo, que é dos padres de Jesus...". Existem inclusive referências a uma petição dos moradores andreenses da época solicitando a transferência para São Paulo "por ser o lugar mais forte e mais defensável".

Durante os primeiros anos o novo povoado teve uma existência instável, devido à resistência indígena, e em 1562 esteve a pique de desaparecer, com o ataque das tribos confederadas do planalto, situação que se repetiu em 1590. Dessa data em diante teve início o processo de submissão e de espoliação dos indígenas de suas terras, o que permitiu aos paulistas o início das atividades de aproveitamento regular do solo, estabelecendo-se definitivamente o povoamento da área, com a expansão paulatina pelas margens dos rios Tietê, Pinheiros e Paraíba.

Um ponto importante para a compreensão de nosso tema é a caracterização do tipo de sociedade que se engendrou em São Paulo durante o primeiro período de sua existência. Oliveira Vianna, no seu livro *As Populações Meridionais* compôs uma imagem de brilho, suntuosidade e luxo para o que chamava de aristocracia paulistana da época. Em seu meio divisava homens de cabedais, altamente instruídos e que viviam, como nas cortes de amor da Idade Média, a disputar os corações das damas com a mesma "gentileza e brio" com que "meneiam o ginete". Mesmo que não tivéssemos outras informações mais precisas sobre a época, é possível perceber em toda a sua referência aos paulistas um quadro de tonalidades bizarras em seu exagero, contrastando radicalmente com a rusticidade da época.

Quando se confronta essa interpretação com as informações contidas nos *Inventários e Testamentos* paulistas, processados de 1578 a 1700 (e publicados em 1920), revela-se a parcialidade do sociólogo fluminense. Alcântara Machado, autor de *Vida e Morte do Bandeirante*, composto com base nesses documentos, nos dá informações valiosas para elaborar uma representação mais verossímil da sociedade paulista nos dois primeiros séculos, e, desse modo, vale a pena seguirmos um pouco sua argumentação.

O primeiro aspecto a realçar é que dentre os colonos que vieram para a distante capitania meridional, não havia representantes das grandes casas peninsulares nem do capital mercantil; na maior parte tratava-se de homens do campo, mercadores de poucos recursos e aventureiros dos mais diversos tipos, seduzidos pelas oportunidades eventualmente existentes nas novas terras. Aqui chegados, esses colonos não podiam contar com a possibilidade de produzir a principal mercadoria utilizada na colonização brasileira, o açúcar (aspecto a que já nos referimos anteriormente) por razões de ordem natural, pela distância da Europa e pelo próprio isolamento da capitania.

Outro foi o rumo tomado para o aproveitamento do solo, e diferentemente do que ocorreu no Nordeste da monocultura canavieira, a agricultura de subsistência constituiu seu ponto forte. As relações mercantis eram limitadas, pouca a moeda existente e raros os contatos com as outras capitanias e com a própria Metrópole. O colonizador fazia produzir em sua propriedade aquilo do que necessitava para sua vida cotidiana, desde os gêneros alimentícios básicos e a vestimenta até o azeite de amendoim e a cera como fontes de energia para a luz.

A agricultura de subsistência incluía o trigo, o algodão — utilizado para fiar panos grosseiros, franjas e redes —, as "árvores de espinho", como o limoeiro, as laranjeiras, limeiras e a vinha. As pereiras e figueiras eram mais raras e os marmeleiros tinham uma importância especial, pois a conserva desta fruta constituía o principal produto de exportação paulista. No inventário de Pedro Aleixo, por exemplo, constava a exportação de mil e seiscentas caixetas de marmelada para a Bahia e, no espólio de Catarina Dorta, de duas mil e duzentas caixetas. Os chamados "mantimentos de raiz", como a mandioca e o cará, eram muito usados no consumo diário, e em geral não eram avaliados, sendo deixados para o "alimento dos órfãos", como se dizia na época.

Um item também importante na economia paulista de subsistência da época era a criação de gado, atividade a que se prestavam muito bem os campos do planalto, ao contrário do que ocorria na faixa litorânea e mesmo em Santo André, devido à ausência de um rio.

Contudo, esta própria economia de subsistência

era muito precária e escassas as mercadorias européias de que o paulista podia dispor. No inventário quinhentista de Grácia Rodrigues, esposa de Pero Leme, observa-se a extrema penúria revelada pelo arrolamento dos objetos domésticos: um colchão, um travesseiro, duas redes, uma caixa preta, um espelho, dois caldeirões, um castiçal, uma frigideira, dois ralos, um frasco de vidro e uma cadeira de espaldar, de que metade pertencia à sua filha.

Na segunda metade do século XVII deixaram de ser avaliados os bens de pouco valor e passou a ser assinalada a presença de novos implementos e mercadorias de luxo, o que poderia estar associado a uma circulação maior de riqueza devido à marcha do ciclo da mineração. Contudo, mesmo com essas alterações, persistia o quadro geral de escassez. Os sinais de riqueza considerável indicados nas avaliações totais de bens da segunda metade do século XVII são encontrados em apenas vinte dos quatrocentos inventários seiscentistas, não se podendo, portanto, generalizar conclusões sobre o incremento de alguns aspectos da vida material neste período.

Um dos aspectos que mais chamam a atenção no exame dos inventários paulistas é o pouco valor representado pela propriedade imobiliária, principalmente durante o século XVI, surpreendente à primeira vista quando comparado a outros bens dos acervos. Os bens de Grácia Rodrigues, por exemplo, atingiram o montante de 70$560. Para este total, os produtos agrários e a criação contribuíram com três mil e seiscentos réis, as casas da vila e da roça com sete mil e duzentos, dois escravos com vinte e dois mil réis e mobília, ferramenta e uma pequena quantidade de roupas com vinte e sete mil e seiscentos. O contraste maior era dado pela relação entre avaliação das casas da vila, cinco mil réis, e a de um colchão velho, estimado em mil e duzentos réis, e de uma "saia do reino de Londres", avaliada em cinco mil réis. Passado o tempo e chegada a metade do século XVII os bens imóveis se valorizaram, atingindo preços mais altos. Apesar disso, quando comparados às outras mercadorias, o desequilíbrio persistia.

A desvalorização desse bem abundante que era a terra em São Paulo naquela época encontra sua explicação básica na carência do conjunto das condições necessárias para que aí se efetivasse uma exploração mercantil. Faltavam capitais, escravos, implementos de todos os tipos e melhores condições de transporte e comunicação com a Europa. Eram raros os navios que se arriscavam a uma viagem até a capitania de São Vicente; a ausência de um comércio regular, o perigo dos corsários e do naufrágio afugentavam-nos dessa região distante e pobre. Além disso, o próprio transporte das mercadorias serra acima oferecia muitos obstáculos, chegando Frei Gaspar a considerar o caminho da serra como "talvez o pior do mundo". As mercadorias e passageiros eram levados da marinha ao planalto pelos escravos indígenas, alugados tanto pelos particulares como pelos jesuítas, e o resultado final era um enorme encarecimento das mercadorias.

Quanto à vila de São Paulo desses tempos, as

indicações revelam a existência de uma aldeia miserável. No dizer de Sérgio Milliet, o centro bandeirante durante longos anos foi apenas um povoado extremamente pobre erguido ao abrigo dos piratas que devastavam a costa e dos índios que infestavam a mata serra acima. Simples entreposto à entrada do planalto, era onde os sitiantes da redondeza adquiriam gêneros e instrumentos de trabalho e para onde acorriam em caso de perigo. Do quadro traçado por Milliet ressalta a condição muito precária do povoado que, mesmo com o advento da mineração, não terá suas características básicas modificadas.

No período inicial de sua existência, ao término do século XVI, São Paulo contava aproximadamente com um mil e quinhentos habitantes e cento e cinqüenta residências. O número de ruas era muito pequeno e em seus primórdios as casas eram meras choupanas cobertas por palha, substituídas posteriormente pelas construções de taipa com telhados. A vida da cidade se fazia fundamentalmente em função da área rural, auto-suficiente na grande parte das necessidades vitais.

A vida urbana manteve alguma forma de continuidade, passados os perigos iniciais de desaparecimento sob a ameaça indígena, através da observância das cerimônias religiosas e dos deveres administrativos. Richard M. Morse indica que se realizavam pelo menos cinco procissões religiosas anuais, que atraíam à cidade os chefes de família e seus dependentes, e que as sessões da câmara e as assembléias extraordinárias garantiam, ainda que de forma instável, a participação dos agricultores no governo local.

Em resumo, seguindo basicamente a análise de Alcântara Machado sobre a situação material e as condições de vida de São Paulo dos séculos XVI e XVII, através da leitura e interpretação dos inventários e testamentos, a conclusão a que se chega é de que aí a vida do colonizador se desenvolveu num cenário de extrema penúria. Em São Paulo não se realizaram os desígnios gerais da colonização portuguesa no Brasil; não há nada que revele a ocupação baseada na grande propriedade monocultora, utilizando grande número de escravos e vinculada ao mercado externo.

É preciso lembrar, no entanto, que não são todos os autores que concordam com a visão de Alcântara Machado sobre a sociedade paulista dos tempos da Colônia. Sérgio Milliet, no prefácio a *Vida e Morte do Bandeirante*, estabelece uma nuance, afirmando que a pobreza de São Paulo encontra-se a meio caminho entre a apreciação de Oliveira Vianna e a de Alcântara Machado. A favor de sua afirmação alega que este último desconhecia o valor intrínseco do dinheiro da época e seu poder aquisitivo nos séculos XVI e XVII, depreciando o valor monetário dos números absolutos constantes dos inventários, apesar de não invalidar as relações proporcionais que os vários bens arrolados guardavam entre si. Argumenta ainda que nem toda riqueza dos paulistas estava registrada, pois não eram avaliados sistematicamente os escravos, considerados apenas "peças de serviços". Também Jaime Cortesão, na sua *Introdução à História das Bandeiras* sustenta a idéia de que em São Paulo o que havia era "uma sólida mediania", escorada na abundância de trigo, carne, algodão, ouro, etc. Nesse sentido, cita uma carta de 1645, enviada ao papa pelos moradores de São Paulo, onde se lê que "vão todos os anos muitos mil alqueires de farinha, de trigo e muita quantidade de carnes e legumes para socorros do dito estado (do Brasil) e ainda para a conquista de Angola".

Apesar das vozes em contrário, a tendência dos historiadores, incluindo Sérgio Milliet, é considerar que São Paulo não conheceu nenhuma forma de riqueza estável — nem mesmo mediana — até fins do século XVIII, com o advento do café, que acabou por inaugurar uma fase duradoura de prosperidade.

Em realidade, o povoado de São Paulo se constituiu de forma muito original no contexto da colonização, e foi nessa sociedade peculiar que se engendrou a figura do bandeirante, o paulista socializado desde a adolescência para empregar a vida em prender e escravizar o gentio nos sertões.

AS BANDEIRAS: SOLUÇÃO DE URGÊNCIA PARA A POBREZA DOS PAULISTAS

Como se pode observar pelas condições de vida existentes em São Paulo durante os séculos XVI e XVII, os seus moradores não podiam contar com as possibilidades de enriquecimento oferecidas pelo empreendimento colonial na forma como se efetivou no Nordeste, com a cana-de-açúcar. Era preciso procurar outras formas de ganho ou, pelo menos, de mera sobrevivência. O bandeirante foi fruto social de uma região marginalizada, de escassos recursos materiais e de vida econômica restrita, e suas ações se orientaram ou no sentido de tirar o máximo proveito das brechas que a economia colonial eventualmente oferecia para a efetivação de lucros rápidos e passageiros em conjunturas favoráveis — como no caso da caça ao índio — ou no sentido de buscar alternativas econômicas fora dos quadros da agricultura voltada para o mercado externo, como ocorreu com a busca dos metais e das pedras preciosas.

Para empreender as suas incursões, tanto no caso do apresamento e tráfico do indígena quanto na busca das riquezas fantásticas, os paulistas se organizavam nas chamadas "bandeiras". De início a denominação era aplicada às companhias militares que tinham uma função caracterizada como defensiva, quer se tratasse de rechaçar estrangeiros ou de submeter os indígenas. Contudo, a partir dos fins do século XVI até o início do século XVII, essas milícias passaram por modificações, transformando-se em corpos paramilitares de ataque ao sertão. Jaime Cortesão informa que "desde os fins dos séculos XVI, os capitães das milícias, ou da gente da ordenança, são também, por via de regra, capitães das entradas". Paulatinamente, esse tipo de organização paramilitar passou a ser estimulado oficialmente, e São Paulo chegou mesmo a sofrer um processo de "militarização", como atesta a decisão do governador geral D. Francisco de Souza, de 1610, no sentido de que se fizesse o alistamento militar de "toda a gente de guerra", desde os quatorze anos, o que incluía os índios, e o arrolamento de todas as armas, espingardas, espadas, arcos e flechas.

No tocante aos termos entradas e bandeiras, a historiografia tradicional adota duas posições. Uma que engloba na designação bandeiras todas as expedições que incursionavam pelo sertão, partindo de qualquer ponto do Brasil e formadas a partir de iniciativa oficial ou particular. A outra corrente limita a aplicação do termo entradas às expedições inspiradas pelos representantes da Coroa, e reserva apenas aos grupos paulistas, de formação espontânea, o nome bandeiras. No entanto, as indicações de documentos da época revelam que, em São Paulo, eram usadas as duas designações, e Jaime Cortesão informa que também eram indistintamente aplicadas às expedições de outros estados. No caso deste nosso estudo, utilizamos indiscriminadamente o termo bandeira ou entrada, e restringimos a análise aos movimentos que partiam unicamente de São Paulo.

Do ponto de vista de sua organização, a expedição bandeirante era comandada por um chefe, branco ou mameluco, que encerrava em suas mãos poderes absolutos sobre os subordinados. Sob seu comando estavam os escravos indígenas que, conforme a descrição de C. R. Boxer, eram usados como batedores de caminhos, coletores de alimentos, guias e carregadores. O capelão era figura obrigatória, e dele dá notícias, em novembro de 1692, Domingos Jorge Velho, exigindo sua presença para a entrada que pretende realizar: "Peço-lhe pelo amor de Deus me mande um clérigo em falta de um frade, pois se não pode andar na campanha e sendo com tanto risco de vida sem capelão". O número de componentes de uma bandeira era variável, podia ser uma expedição de quinze a vinte homens e também podia chegar a reunir centenas de participantes.

No que diz respeito ao carregamento, os bandeirantes levavam pólvora, machados, balas, cordas para amarrar os índios aprisionados, por vezes sementes, sal e uma pequena quantidade de alimentos.

Em geral, partiam de madrugada e pousavam no entardecer; durante o dia dedicavam-se à caça, à pesca, à busca do mel silvestre, extração de palmito e coleta de frutos. Também lançavam mão dos produtos das pobres roças dos indígenas que aprisionavam.

Quanto aos caminhos, aproveitavam tanto as trilhas dos índios como os rios, e, neste último caso, improvisavam canoas ligeiras para navegação. Quando faltava a trilha do índio, seguiam os córregos e riachos, procuravam evitar as matas e caminhar pelos espigões, buscando sempre as gargantas como vias de passagem. As incursões sertanejas podiam durar meses e até mesmo vários anos e com a prática os bandeirantes chegaram a adquirir um grande conhecimento das matas, e, segundo alguns contemporâneos, a ser tão hábeis "como os próprios animais".

Com relação ao imaginário da figura do bandeirante, forjado no molde do colono americano pela tradição oficial, C. R. Boxer afirma que não há evidências para confirmar tais representações dos paulistas do século XVII. Ao que tudo indica caminhavam descalços e não com as botas de montaria tão comuns nas estátuas e figuras dos bandeirantes; o vestuário se restringia ao chapelão de abas largas, à camisa, ceroulas e aos gibões de algodão acolchoados, que serviam de anteparo às flechas dos indígenas.

Do ponto de vista geográfico, as bandeiras paulistas foram possíveis em grande medida devido à posição de São Paulo, centro de circulação fluvial e terrestre à "boca do sertão". Capistrano de Abreu, numa forma bem sintética, resume as facilidades geográficas da região: "O Tietê corria perto; bastava seguir-lhe o curso para alcançar a bacia do Prata. Transpunha-se uma garganta fácil e encontrava-se o Paraíba, encaixado entre a serra do Mar e a da Mantiqueira, apontando o Caminho do Norte. Para o sul, estendiam-se vastos descampados, interrompidos por capões e até manchas de florestas, consideráveis às vezes, mas incapazes de sustar o movimento expansivo por sua descontinuidade" (Capistrano de Abreu, *Capítulos de História Colonial*).

O Tietê com os seus afluentes, o Pinheiros e o Cotia na margem esquerda, e o Piracicaba na direita, teve um papel muito importante na extensão inicial do povoamento de São Paulo e no seu desdobramento em direção ao vale do Paraíba. Posteriormente, já em pleno tempo das bandeiras, ele foi utilizado para se chegar ao rio Paraná, de onde se entrava no Paranaíba para em seguida encontrar, de um lado, os afluentes do São Francisco e, do outro, afluentes do Tocantins. Por esse caminho chegava-se a Goiás. Outra alternativa era descer até a confluência do rio Verde ou do Pardo, e subindo por qualquer um deles, passando por um trecho do sertão, alcançar o Taquari que os levava ao rio Paraguai, caminho que se chamava "Camapuã" e que conduzia ao Mato Grosso. A passagem para o vale do Paraíba era dada por um dos caminhos que se abriam ao lado do morro do Jaraguá, em direção ao nordeste, passagem — como já se viu — fácil de ser transposta e que

conduzia os bandeirantes ao sopé da Mantiqueira.
  A partir desse ponto eles tinham que tomar o caminho serra acima, para adentrar as Gerais. A outra passagem utilizada pelos paulistas também se abria ao lado do morro do Jaraguá, rumo norte, num caminho formado por terrenos relativamente planos que se estendem de Mococa e Casa Branca até as cidades de Itararé e Faxina do Sul, apresentando-se, no dizer de Caio Prado Jr., como um grande arco de círculo, cuja face convexa passa nas proximidades de São Paulo, por Campinas e Itu. Nesta rota sertaneja, a partir de Mogi-Mirim, alcançavam-se as minas de Goiás e, por Atibaia e Bragança, atingia-se o sul de Minas. Para o sul estendiam-se os vastos descampados interrompidos pelos capões e manchas florestais, e, por aí, através dos campos de Sorocaba e de Piratininga, os paulistas atingiam o vale do Paranapanema e seus afluentes da margem esquerda, onde estavam instalados os jesuítas nas imediações do alto Paraná. São Paulo dominava ainda outra via de comunicação, o Caminho do Mar, a leste. Tratava-se de vereda quase intransitável que levava à beira do mar, e que com o tempo se tornaria uma das principais artérias da capitania, trajeto indispensável para as comunicações entre o planalto e o litoral.

ESCRAVIDÃO INDÍGENA E VIOLÊNCIA: O BANDEIRISMO DE APRESAMENTO

Antes que tivesse início a colonização oficial em São Vicente, os seus moradores europeus já praticavam o resgate de escravos e prisioneiros de guerra dos nativos, através do escambo. Referindo-se a essa forma incipiente de comércio escravagista no Brasil, Frei Vicente do Salvador confirma que nas lutas entre os indígenas aqueles que conseguissem cativar os inimigos levavam-nos para vender aos brancos, "os quais lhes compram por um machado ou foice cada um". Contudo, essa primeira forma de tráfico não chegou a adquirir maiores proporções, nem teve um alcance histórico mais duradouro.

Somente com o início efetivo da colonização e a conseqüente necessidade de braços para o trabalho escravo na lavoura e outros serviços é que a "redução do gentio" paulatinamente passou a primeiro plano, levando o colonizador a intermináveis investidas contra a população indígena. Dentre as concessões feitas de início por D. João III aos donatários das capitanias, constava a permissão para cativar o gentio. De início, os portugueses conseguiram atrair alguns contingentes de nativos, que acabaram colaborando de forma espontânea na obra de colonização. Contudo, passados os primeiros momentos da ocupação do novo território, as formas persuasivas de atração cederam lugar à utilização dos meios violentos, tanto para a captura quanto para a obrigação do índio ao trabalho forçado. A médio prazo — com a contribuição de outras circunstâncias que serão discutidas adiante — o colonizador, em São Paulo, deu início ao apresamento de indígenas em larga escala, através de verdadeiras operações de guerra. Estas guerras, chamadas assaltos ou "saltos" adquiriram enorme importância para a obtenção de escravos, a ponto de o padre Manuel da Nóbrega afirmar que "de maravilha se acha cá escravo que não fosse tomado de salto".

Às violentas investidas contra os indígenas desde cedo opôs-se a Companhia de Jesus, dotada de razoável influência junto à Coroa Portuguesa e detentora de um projeto próprio de penetração na América Latina. Para os jesuítas, de um ponto de vista formal, os indígenas tinham de ser considerados segundo a doutrina do direito natural da tradição humanista européia, podendo dispor de sua pessoa e de seus bens e não devendo se submeter à brutal escravidão de que eram vítimas na colonização em terras americanas. Por sua vez, para os inacianos, a iniciação dos índios na cultura do colonizador deveria ocorrer através de sua conversão pacífica ao cristianismo, por meio da ação dos enviados religiosos. Neste projeto, atribuía-se ao rei não o usufruto do direito de conquista, mas o cumprimento de uma missão sagrada, em que ele aparecia como o imperador que reinava sobre numerosos reis, indígenas, respeitando-lhes a autoridade segundo os preceitos do direito natural.

No caso do Brasil, na prática, os inacianos restringiram suas críticas e sua ação defensora aos aspectos mais violentos e gritantes da escravização do indígena, aos seus abusos. No dizer de Serafim Leite: "Admitindo, como toda gente, a escravatura, e mesmo a necessidade dela no Brasil, os seus esforços concentraram-se em suavizá-la, suprimindo-lhe os abusos" (Serafim Leite, *História da Companhia de Jesus*). Levando essa afirmação a seu significado mais realista, era necessário evitar a rápida eliminação dos indígenas, como ocorrera na América Central; os jesuítas, para realizar seu projeto, tinham de se antepor às práticas excessivamente violentas que envolviam a escravização dos grupos locais e que, rapidamente tendiam a se transformar em genocídio.

De fato, os métodos utilizados pelo branco para forçar a população local ao trabalho normalmente envolviam o uso da força, o que levava o índio a evitar os contatos com o colonizador e a procurar abrigo no sertão. Não podendo mais contar com uma mão-de-obra farta e vivendo bem próxima, o branco necessariamente teve que ir buscá-la nas florestas. E o "ir buscá-los" era a função da bandeira apresadora, treinada na caça humana, que repetia suas incursões na monotonia trágica a que se refere Capistrano de Abreu, com homens que usavam armas de fogo contra índios se defendendo com arco e flecha; a que mais tarde se introduziu uma novidade, a de cercar os índios com fogo em campo aberto, de que se defendiam untando o corpo com mel de pau, envolvendo-se em folhas e cobrindo-se com troncos verdes.

Dada a disseminação dessas práticas violentas e o interesse dos jesuítas pelos indígenas do Brasil, não espanta que os esforços dos segundos se concentrassem em pressões para que a Coroa Portuguesa, considerada como instância que poderia se opor em alguma medida às práticas de escravização mais brutais, assumisse a responsabilidade de elaboração de leis que protegessem os índios.

Essas pressões tiveram algum sucesso, apesar de acabarem se mostrando apenas aparentes, — e em 1570 se estabeleceu a primeira grande lei que definiu a questão da liberdade indígena, em que o rei proibia o apresamento dos gentios, "salvos aqueles que foram tomados em guerra justa, que os Portugueses fizeram aos ditos gentios com autoridade ou licença minha ou do meu Governador das ditas partes, ou aqueles que costumam saltear os Portugueses, ou a outros gentios para os comerem...". Seguiram-se outras leis, como as de 1574, 1587, 1595 e 1596, acabando por se firmar, no final das contas, o critério das "guerras justas", decidido pelo monarca, para o apresamento dos indígenas. Pouco alterou a vida dos indígenas o novo preceito, pois continuavam as incursões ao sertão para escravizá-los: a "guerra justa" do texto legal ou se transformava em letra morta, simplesmente, ou era adaptada, sofismada sem cerimônia de acordo com as circunstâncias, não faltando pretextos para tal. Como se depreende das palavras de um dos principais porta-vozes dos colonizadores, Gabriel Soares de Souza, a principal alegação para a "guerra justa" era a de que os índios mereciam ser escravos, pois viviam cometendo o delito de matar e comer "centos e milhares de portugueses", incluindo os próprios padres. Mas as justificativas para a "guerra justa" não se restringiam a alegações gerais; existiam expedientes práticos amplamente utilizados, em geral infalíveis, para fazer os índios caírem na armadilha da escravidão, como a provocação efetuada pelo branco, que estimulava os índios a retrucar, oferecendo, com isto, o pretexto para o colonizador escravizá-lo.

A lei de 1591 representou um ponto particularmente importante para os jesuítas, na questão indígena, outorgando aos padres o privilégio de "descer os índios do sertão", o que, por sua vez, também implicava o poder exclusivo de distribuição e do uso dos indígenas nas regiões litorâneas. A nova lei real foi recebida entusiasticamente pelos jesuítas, que agora vislumbravam portas abertas para a realização de seu projeto. O padre Provincial escrevia a Roma, expressando suas esperanças: "O mor impedimento que tinha posto o demônio a este serviço de Deus, era uma cobiça insaciável de irem de contínuo os portugueses ao sertão a descer gentio com falsas promessas de liberdade, que lhes não cumpriam, ou com guerra injusta, contra quem nunca os agravara. Não consentiam irmos nós a trazer gentio para estar livre em nossas aldeias. Até agora Sua Majestade manda que todos os naturais sejam livres e ninguém os vá descer do sertão, senão os Padres da Companhia" (Serafim Leite, *op. cit.*, p. 124).

Cabe notar que esta passagem revela alguns pontos importantes sobre os conflitos que envolviam os colonizadores, os jesuítas e os índios. A idéia de "cobiça insaciável" dos portugueses mostra bem a posição dos jesuítas, contrários aos abusos, aos exageros no uso das regras do jogo por parte dos colonos. Nota-se também que as críticas se fundam no ponto de vista basicamente moral, remetido ao princípio religioso da luta entre o bem e o mal, entre Deus e o diabo, personificados respectivamente pelos padres da Companhia de Jesus e pelo colono apresador de indígenas. Além disso, um ponto particularmente importante neste texto, e que indica um aspecto crucial desses conflitos, é a referência à disputa para se saber quem vai ter o direito sobre o indígena. O que parece se colocar com certa clareza em última instância, ao menos a partir da perspectiva do indígena, é que a liberdade deste último não se colocava em primeiro plano, não era a preocupação fundamental, mas sim a contenda entre os jesuítas e colonos pelo poder e ascendência sobre ele. Tratava-se, para os inacianos, de lutar pelo privilégio de "descê-los" do sertão e pelo direito de iniciar os indígenas numa civilização que não era a sua, o que implicava também alguma forma de sujeição e violência.

De qualquer modo, as novas disposições também continuaram a ser burladas, através de vários expedientes. São conhecidos os relatos de navios que, aportando na costa, atraíam os indígenas a bordo para a realização de algum tipo de escambo, e em seguida levantavam âncoras levando consigo os novos escravos. Eram comuns também os portugueses fantasiados de padres que, aproveitando-se da boa aceitação destes últimos entre os índios, introduziam-se nas aldeias para "descer" os índios. Outras vezes o colono induzia o casamento de um índio livre com índia escrava, com o que em geral se conseguia mais um cativo, o marido índio e os futuros filhos do casal.

Em realidade, o colono português lançou mão de muita manha e malícia para assegurar a mão-de-obra e a mercadoria representada pelo escravo indígena. Do ponto de vista específico do escamoteamento da legislação proibitiva, o colonizador procurou preservar os aspectos substanciais da escravidão, dando-lhe ao mesmo tempo uma forma legal que descaracterizasse o trabalho cativo. Para tanto, em São Paulo, os indígenas eram inventariados como peças de "serviço forro", "servos da administração" e "administrados", expressões que camuflavam a obrigação ao trabalho forçado sob a máscara da prestação de um serviço pessoal ao colono, em que este último aparecia como responsável pela tutela do serviçal.

O sofisma do serviço pessoal enquanto dispositivo encobridor da escravidão de fato teve sua origem na América espanhola, através da figura jurídica da *encomienda*, que concedia ao *encomiendero*, ao colonizador, um grupo de índios, em quantidade variável conforme as regiões e circunstâncias, que eram obrigados a um tributo em dinheiro, espécie, ou trabalho. Por sua vez, o beneficiário deveria amparar e tutelar os índios sob sua jurisdição, introduzindo-os na religião católica, quer através de sua própria pregação ou de um clérigo por ele mantido. Este último aspecto, da conversão religiosa, era tomado como justificativa para a *encomienda*, que deveria ser, num nível puramente formal, um sistema quase familiar de cristianização direta dos índios pelo senhor. Contudo, como informa Marcel Battaillon, enquanto prática vivida, a *encomienda* se degradou ao sabor dos interesses mais imediatos do *encomiendero*, e o lote de índios entregue ao colonizador se transformou numa espécie de arrendamento de gado que o *"encomiendero* faz trabalhar e desloca à vontade, que ele vende sub-repticiamente com uma exploração agrícola quando quer ir-se embora depois da fortuna feita" (Marcel Battaillon, *Études sur Bartolomé de Las Casas*).

Os abusos mais gritantes praticados contra o indígena consistiam na substituição ou superposição de um tributo ilegal em trabalho forçado ao tributo taxado, que acabava redundando na "servidão infernal" dos índios a que se referia o famoso defensor do

Traído pelos tamancos.

projeto jesuítico no século XVI, o padre Bartolomé de Las Casas.

No Brasil, a alegação desse tipo de "serviço pessoal" serviu como pretexto para burlar as proibições relativas ao indígena, e era justificada com base na existência de um direito consuetudinário em São Paulo, de um "estilo da terra" que sancionava a prática de escravização do autóctone. Em realidade, através dos mais variados procedimentos adotados pelos colonos, persistia incólume a escravização do indígena. A transgressão maliciosa e violenta do preceito da "guerra justa" e o enganoso regime de tutela, que se estendia aos índios considerados livres, permitiam ao colono garantir a existência do cativeiro, preservando a máscara da legalidade.

Do ponto de vista das incursões propriamente ditas, as bandeiras do século XVI atuaram sobretudo na região do Tietê, onde foram rapidamente dizimados os tupiniquins, no alto Paraíba, chamado pelos paulistas da época de rio dos Surubis. Com o advento do século XVII teve início uma nova fase nas arremetidas contra os índios, caracterizada pelo apresamento em larga escala e pela expansão da área geográfica em que as bandeiras atuavam.

Esta expansão das *razzias* paulistas contra os indígenas, no início do século XVII, deparou com o movimento da colonização espanhola que, a partir do Paraguai, buscava o mar. São Paulo, por sua vez, tinha à sua disposição o controle de uma série de rotas fluviais e terrestres que levavam ao Paraguai, utilizadas desde os meados do século XVI para se atingir Assunção, onde os paulistas já realizavam um incipiente tráfico de escravos indígenas com os espanhóis.

Os moradores de Assunção, buscando acesso a um caminho que facilitasse as comunicações com a Europa e tentando estabelecer alguns anteparos à expansão vicentina, procuravam estimular a fundação de cidades em pontos estratégicos das rotas que se interpunham entre eles e os paulistas. Neste sentido, Domingos Yrala, mercador de índias guarani com os paulistas, ao ser nomeado governador de Assunção em 1555, fez fundar a vila de Ontiveros, sobre o Paraná, e a de Melgarejo, próxima à foz do Piqueri. Tratava-se de defender a posse da mercadoria valiosa que era o índio e de colocar obstáculos às possíveis incursões paulistas buscando metais preciosos e, em última instância, de se prevenir contra as pretensões portuguesas sobre o vale do Prata.

Contudo, a verdadeira política de penetração e defesa dessa parcela do território castelhano, a Província do Paraguai, foi realizada pelos jesuítas, que acabaram por assumir funções de soberania política do Estado espanhol, tendo como base material a fixação dos aldeamentos indígenas e a sua organização produtiva, sob o comando da Companhia de Jesus.

Capistrano de Abreu indica que por volta de 1610 os jesuítas vindos de Assunção começaram a missionar na margem oriental do Paraná. Fundaram as reduções de Santo Inácio e de Soreto, no Paranapanema, mais onze no Tibagi, Ivaí, Corumbataí e Iguaçu; transpuseram o Uruguai e ergueram outras dez reduções em Ijuí e Ibicuí e seis nas terras dos Tape, em vários tributários da lagoa dos Patos.

Dessas reduções só algumas chegaram a atingir grandes proporções e apresentar alto nível de organização, estabelecendo efetivamente os primeiros núcleos econômicos significativos da área e um tipo específico de organização social que, no entanto, não pôde conhecer nenhuma forma de continuidade no tempo, pois foram logo destruídas.

As reduções jesuíticas se estruturavam em forma de vilas; no centro do aldeamento, em volta de uma praça quadrada, erigia-se a igreja e a moradia dos padres que, em geral, eram as construções mais ricas. A escola, o armazém geral, a casa de hóspedes e a casa das moças eram mais pobres e os alojamentos indígenas consistiam de longos edifícios de pau-a-pique ou adobe, abertos para uma varanda coberta.

Quanto à utilização produtiva da terra, fazia-se a divisão em lotes, de que as famílias indígenas deviam retirar seu sustento, depositando-se a safra, contudo, no armazém comum. Os lotes de melhor qualidade eram considerados como *tupambae*, "coisas de Deus", e neles se empregava o trabalho coletivo. Neste caso, o produto gerado destinava-se à manutenção dos padres, funcionários, artesãos e dos que de alguma forma precisavam ser sustentados pelo trabalho coletivo. Nos *tupambae* criava-se gado, fabricavam-se tecidos e plantava-se a erva-mate, produtos negociados pelos padres para a obtenção dos artigos de que necessitavam as missões, como ferramentas, sal e ornamentos religiosos.

As missões comportavam ainda escolas para as crianças indígenas e oficinas onde eram iniciadas em vários ofícios, como a carpintaria, olaria, cerâmica, tecelagem, pinturas, esculturas, etc.

A estrutura econômica missioneira baseava-se fundamentalmente na organização coletiva da força de trabalho e numa forma de distribuição dos produtos regulada pelos critérios religiosos de devoção e pelos de produtividade. Inexistiam a propriedade privada da terra e a escravização do indígena, aspectos que apresentavam forte contradição com a colonização escravagista, fundada na grande propriedade monocultora. A Companhia de Jesus possuía um controle centralizado das missões e, com o tempo, os inacianos tornaram-se grandes negociantes, dispondo de enormes rebanhos, extensas plantações e de toda a infra-estrutura necessária para o estabelecimento de um comércio ativo entre a América e a Europa.

Desde logo, as missões foram alvo dos salteios vicentistas, e as razões para que isto ocorresse são óbvias, como indica Capistrano de Abreu, pois não havia presa mais tentadora para caçadores de escravos: "Por que aventurar-se a terras desvairadas, entre gente boçal e rara, falando línguas travadas e incompreensíveis, se perto demoravam aldeamentos numerosos, iniciados na arte da paz, afeitos ao jugo da autoridade...?" (*op. cit.*). Os índios das missões já estavam pacificados, possuíam iniciação ao trabalho sedentário e tinham que se orientar nas suas atividades cotidianas pelas diretrizes impostas pelos padres, apresentando-se, deste modo, como escravos de qualidade superior à dos que se abrigavam nas matas.

Os colonos, por sua vez, desde o século XVI, divisavam na ação dos jesuítas e nas suas aldeias uma forma de subversão da ordem, uma inversão da ordem natural da colonização, em que o indígena deveria necessariamente estar submetido aos desígnios do colonizador, que o requisitava como escravo. É nesse tom que Gabriel Soares de Souza refere-se à impossibilidade de se sustentar o Estado do Brasil sem escravos do gentio da terra, necessidade a que os jesuítas não queriam atentar por tirarem proveito dos referidos índios na pesca, na caça, nos currais, olarias e roças. Os padres, por sua vez, retrucavam de diversos modos. O Padre Vieira argumentava que a arregimentação dos índios pelos jesuítas servia à Fé e à República, ao Cristo e ao Rei, pois aumentava o número dos súditos de Cristo e de vassalos da Coroa. Quanto à utilização do trabalho dos índios, Vieira afirma que estes servem a Deus e a si e os jesuítas a Deus e aos índios, e que erram os colonos quando "interpretam esta mesma assistência tanto às avessas, que em vez de dizerem que nós os servimos, dizem que eles nos servem".

Em realidade, um elemento bastante revelador da posição dos jesuítas no Brasil em relação ao problema indígena é o argumento por eles utilizado de que os aldeamentos em que congregavam os indígenas serviam como força militar de reserva contra os franceses, ingleses, índios inimigos, e também — ponto fundamental — como freio aos "negros da Guiné", "que são muitos e de só os índios se temem". Neste tipo de argumentação, em que ressalta a necessidade de conciliar com certos pontos de vista dos colonos, a postura dos jesuítas adquire contornos mais nítidos. Não se trata de oposição frontal aos aspectos básicos que definiram a colonização entre nós; pelo contrário, há toda uma preocupação com a defesa do território e com a ameaça que a introdução do escravo negro podia representar para a estabilidade da sociedade colonial emergente. Como já se disse, em seus elementos básicos, a luta dos jesuítas supunha que era possível e necessária uma utilização mais racional do "gentio da terra" na obra da colonização, "para que este não se consumisse como a experiência demonstrava".

Com o advento do século XVII, o conflito entre os colonos e jesuítas foi se tornando cada vez mais intenso até adquirir contornos trágicos, e para isso contribuíram basicamente dois fatores. O primeiro deles foi a união, em 1580, de Portugal e Espanha, sob a égide dos Filipes, o que facilitou as incursões portuguesas no território sob domínio espanhol, permitindo, inclusive, já no século XVII, o estabelecimento de contatos amistosos com as autoridades de Assunção, que acabaram por se tornar cúmplices dos moradores de São Vicente nas investidas contra as missões jesuíticas. Em 1628, Luís Céspedes y Xeria, governador do Paraguai, ligado por casamento a proprietários escravagistas fluminenses e ele próprio interessado na obtenção de escravos indígenas para suas propriedades, após visitar as reduções jesuíticas, a caminho de Assunção, deu o sinal aos paulistas para avançarem, concedendo-lhes todas as facilidades. O padre Montoya, Superior de Guairá, depondo posteriormente contra o governador, afirmava que "a principal causa da destruição de nossas reduções... foi D. Luís Céspedes y Xeria". De qualquer modo, o que o episódio parece oferecer de mais revelador é o conluio entre os interessados da colonização mercantil e escravagista nas possessões espanhola e portuguesa para combater e ao mesmo tempo tirar proveito do enclave representado pelas missões e pelos jesuítas.

O outro fator a precipitar, de forma indireta, o choque trágico entre os paulistas, os índios e os padres foi a desorganização do mercado português de escravos africanos, no início do século XVII, por parte da Holanda. Com os impedimentos colocados pelos holandeses ao abastecimento de negros para os vários pontos da costa brasileira, logo se fez sentir a falta desta mão-de-obra, revalorizando-se, em conseqüência, o escravo indígena, natural da terra. Nesta conjuntura especial, os paulistas se viam estimulados a fazer um grande negócio da preia e venda dos índios para as regiões que sofriam carência da mercadoria, passível de ser explorado em condições muito favoráveis e numa escala razoável, dada a existência da ótima fonte de abastecimento de indígenas representada pelas missões.

Desde o período inicial, e mesmo antes (como já

se salientou) do estabelecimento das reduções na área de Guairá, os paulistas já penetravam na região para a caça ao indígena. Os assaltos aos núcleos jesuíticos propriamente começaram algum tempo depois, com Manuel Preto, em 1619 e 1623, e a partir de 1628 os ataques passaram a ser feitos sistematicamente.

A primeira das reduções a sofrer as investidas dos bandeirantes foi a de Santo Antônio, situada na margem direita do Ivaí; em seguida, o mesmo ocorreu com San Miguel, Jesus Maria, San Pablo e San Francisco Xavier. As outras foram devastadas rapidamente, sobrevivendo somente as de Loreto e San Ignacio, no rio Paranapanema, que os jesuítas transferiram para a região abaixo do salto das Sete Quedas, entre os rios Paraná e Uruguai. A partir de 1636, após a destruição das reduções de Guairá, os paulistas passaram ao ataque das missões do Uruguai e Tape, expulsando os jesuítas, em 1638, para a margem ocidental do rio Uruguai. Deste modo, no curto período de dez anos, foi destruído o conjunto das missões jesuíticas do Guairá, Itatines, Tape e Uruguai.

Quanto à violência dessas *razzias*, é exemplar o impressionante relato do padre Montoya, sobre a incursão do bandeirante Raposo Tavares em Jesus Maria, no rio Pardo: "No dia de São Francisco Xavier (3 de dezembro de 1637), estando celebrando a festa com missa e sermão, cento e quarenta paulistas com cento e cinqüenta tupis, todos muito bem armados de escopetas, vestidos de escupis, que são ao modo de dalmáticas estofadas de algodão, com que vestido o soldado de pés à cabeça peleja seguro das setas, o som da caixa, bandeira tendida e ordem militar, entraram pelo povoado, e sem aguardar razões, acometendo a igreja, disparando seus mosquetes pelejaram seis horas, desde as oito da manhã até às duas da tarde.

"Visto pelo inimigo o valor dos cercados e que os mortos seus eram muitos, determinou queimar a igreja, onde se acolhera a gente. Por três vezes tocaram-lhe fogo que foi apagado, mas à quarta começou a palha a arder, e os refugiados viram-se obrigados a sair. Abriram um postigo e saindo por ele a modo de rebanho de ovelhas que sai do curral para o pasto, com espadas, machetas e alfanjes lhes derribavam cabeças, truncavam braços, desjarretavam pernas, atravessavam corpos. Provavam os aços de seus alfanjes em rachar os meninos em duas partes, abrir-lhes as cabeças e despedaçar-lhes os membros" (Capistrano de Abreu, *op. cit.*, p. 126).

À primeira vista, pode causar espanto a denúncia de violência e genocídio feita pelo padre Montoya, pois o seu relato revela uma face em geral oculta nos manuais tradicionais de História do Brasil, freqüentemente tributários do cultivo da imagem heróica do bandeirante e por isso pouco interessados em divulgar a versão jesuítica, contraponto do ufanismo imperante. A rigor, a questão dos vínculos entre bandeirantismo e violência e genocídio indígena acabou se tornando uma espécie de nódoa no imaginário das epopéias paulistas do século XVII. Affonso de E. Taunay, por exemplo, procura justificar o que

Os requintes bandeirantes.

denomina de crueldade da conquista como fruto da época, de que não escaparam a Espanha e os anglo-saxões durante o processo de ocupação da América do Norte. Os versos de Quintana:

"Sua atroz cobiça, sua inclemente sanha
crime foi do tempo e não de Espanha"

firmam seu ponto de vista; os tempos eram violentos e portanto eram naturais as "crueldades" cometidas pelos colonizadores. Concede-se que houve violência, mas cancela-se tal reconhecimento ao se invocar o espírito dos tempos que, na sua generalidade, sanciona a violência que particularmente se exerceu no Brasil. Por sua vez, através de um encadeamento circular, a legitimação de um caso particular de violência remete à legitimação de todas as formas de violência da época, consideradas como naturais. A mentalidade imperante no século XVII, segundo o historiador, tornava menos grave a hipocrisia piedosa do arsenal jurídico da época, corporificada nas *encomiendas*, "mitas", nos "serviços forros", nos "administrados" e nas "guerras justas", etc... (cf. Affonso de E. Taunay, *História das Bandeiras Paulistas*).

Jaime Cortesão, na sua *Introdução à História das Bandeiras*, também defende a ação dos bandeirantes, procurando invalidar as razões dos jesuítas. As investidas bandeirantes contra os indígenas, segundo o autor, devem ser encaradas nas suas relações com uma política geográfica expansionista, como "corrente de vida espontânea e intensa", como reação contra os obstáculos que se opunham ao surto expansionista; obstáculos, no caso, representados principalmente pela política jesuítica. Para Cortesão, este caráter espontâneo e vital das bandeiras foi recoberto, durante muito tempo, pelo que denomina de "lenda negra" criada pelos jesuítas, notadamente pelo padre Montoya, contra os bandeirantes. O livro publicado pelo Superior de Guairá em 1639, *Conquista Espiritual*, não passaria de um livro de propaganda, destinado a facilitar a obtenção de sanções contra os bandeirantes.

A rigor, a versão dada pelo jesuíta realmente contrasta com a elaboração de uma imagem triunfante dos bandeirantes, como se pode observar, por exemplo, nesta passagem, em que se refere a eles como "lobos vestidos de peles de ovelhas, uns hipócritas, que têm por ofício, enquanto os outros andam roubando e despojando as igrejas e apresando índios, matando e despedaçando crianças, eles, mostrando longos rosários que trazem no colo chegam-se aos padres pedindo-lhes confissão..." (Capistrano de Abreu, *op. cit.*).

Jaime Cortesão recomenda reserva na consideração do testemunho dos jesuítas espanhóis, alegando razões metodológicas, ou seja, considerando que o historiador não deve se basear numa única fonte para estabelecer a verdade histórica. Contudo, as suas alegações para negar as pretensas ações violentas dos bandeirantes na região missionária parecem muito inverossímeis — mesmo desconsiderando os relatos jesuítas — levados em conta os efeitos devastadores dessas incursões, num prazo muito curto de tempo. Ao relato apresentado por Montoya sobre a *razzia* de Raposo Tavares em Jesus Maria, contrapõe outras fontes documentais que negam o conteúdo das acusações feitas na *Conquista Espiritual*.

No relato de Cortesão, o ataque de Raposo Tavares às reduções para apresar os indígenas aparece como uma obra de diplomacia mal correspondida pelos jesuítas. De acordo com o autor, na véspera da incursão o bandeirante enviou carta aos missionários, comunicando-lhes que ia por comida e pedindo que o recebessem em paz. Os padres "não lhe responderam nada". Para agravar o quadro da falta de hospitalidade dos missionários, Cortesão informa que índios e padres estavam armados com arcabuzes e que a redução fora previamente fortificada. Em seguida, são feitas referências ao combate que se seguiu à magnanimidade dos paulistas que concederam prontamente a paz quando os jesuítas, percebendo que não podiam resistir, acenaram com um lenço branco. No conjunto, nenhuma menção a qualquer tipo de violência.

O problema fundamental com essa descrição é que não há uma única alusão ao ponto que realmente importa, isto é, não se tratava de uma expedição amigável, mas sim de invadir a redução através de procedimentos de guerra, apresar os indígenas e trazê-los como escravos para São Paulo, para serem vendidos.

Na verdade, a versão jesuítica da época, que representa o contradiscurso das interpretações triunfais do bandeirantismo, foi paulatinamente despojada do seu caráter de denúncia, e com o tempo passou a ser encarada pela corrente dominante da historiografia como expressão de interesses secundários quando comparados aos frutos do movimento histórico dos paulistas do século XVII. E não podia ser de outro modo, pois boa parte dos estudiosos das bandeiras, nas três primeiras décadas deste século, para construir a imagem heróica das epopéias paulistas, precisou descaracterizar e ocultar o discurso dos inacianos, evitar a chamada "lenda negra" de que fala Cortesão.

Tomando a questão em seus pontos fundamentais, é muito difícil sofismar a violência praticada pelo colono contra o indígena. Florestan Fernandes, em seu livro *Investigação Etnológica no Brasil e Outros Ensaios*, indica que durante a fase inicial, em que os contatos entre os portugueses e os indígenas se faziam principalmente através do escambo e era reduzido o número de brancos que vinham para estas terras distantes, os grupos locais tinham a possibilidade de controlar as aproximações de acordo com o seu próprio modo de vida. Os brancos eram obrigados a se sujeitar à sua autoridade, quer estivessem instalados em feitorias ou vivendo entre os próprios indígenas. No entanto, o escambo envolvia um tipo de transação social cujo padrão era colocado pelo branco, pois entre os indígenas a troca era ocasional, enquanto as relações com os estranhos, envolvendo alojamento, alimentação e transporte requeriam regularidade, continuidade e determinadas condições de segurança.

O escambo pôde se desenvolver principalmente devido ao valor, redefinido, que os indígenas davam às mercadorias trazidas pelos brancos, como os machados, enxadas, facas, foices, tecidos, espelhos, colares de vidro, etc. A difusão destes bens culturais não afetava o equilíbrio do sistema de organização tribal, na medida em que a sua utilização não implicava a introdução das técnicas européias de produção, circulação e consumo e porque os indígenas selecionavam os valores a serem incorporados em sua cultura.

No entanto, ao se substituir o escambo pela agricultura, as relações entre os colonos e os índios sofreram uma alteração profunda, e o sistema tribal não subsistiria mais na sua forma tradicional. O índio passou a ser, desde então, encarado como um empecilho para a apropriação das terras, como mão-de-obra e — ponto-chave — como ameaça à segurança do processo colonizador, inaugurando-se desta forma a fase de conflito aberto entre os dois grupos. Tratava-se agora de realizar a expropriação territorial e de efetivar a destribalização. A submissão da população local passava a ser a palavra de ordem, e se perpetraram todos os tipos de violência para que tal fim fosse atingido.

Quanto aos jesuítas que, como vimos, se opunham aos interesses dos colonos, acabaram por contribuir para que o processo caminhasse, por outras vias, para o mesmo desfecho, na medida em que sua ação ocasionou a ruptura da organização tribal autônoma. Todo o trabalho efetuado pelos inacianos no sentido de corroer a influência dos pajés e dos velhos, do xamanismo, da antropofagia e da poliginia; o questionamento das tradições e a concentração dos índios nas reduções, tudo contribuiu para que de alguma forma se desenraizasse o indígena de sua ambiência cultural e para que ele ficasse à mercê do domínio do colonizador.

Darcy Ribeiro refere-se a uma culturação conduzida de forma artificial pelos jesuítas e que, com a derrocada do sistema de reduções, não legou nada ao indígena que o fizesse escapar da condição miserável em que se encontravam os que não viviam agregados junto aos padres. A situação do índio missioneiro talvez fosse até pior, como demonstra a sua dupla trajetória, isto é, de comuneiro a escravo dos canaviais do Nordeste brasileiro, capturados e vendidos pelos bandeirantes paulistas, ou então, de comuneiro a servidor dos que se apossavam das terras e do gado das missões. Na melhor das hipóteses, acabava por se misturar aos gaúchos pobres.

Um exemplo — talvez um exemplo-limite — da perspectiva artificial que está subjacente ao processo de aculturação do indígena pelos jesuítas, e que se sedimentou em determinados pontos da própria historiografia das bandeiras, pode ser observado, ao nível das concepções sobre o indígena, no livro do padre Luís Gonzaga Jaeger, *As Invasões Bandeirantes no Rio Grande do Sul — 1635-1641*. Este livro mostra como a orientação geral dos jesuítas de reconhecer qualidades naturais inerentes aos indígenas na prática podia ceder lugar a atitudes profundamente preconceituosas, que, em gradações diferentes, foram razoavelmente generalizadas, como testemunham vários relatos dos inacianos da época sobre os costumes indígenas.

Ao contrário do que afirmava a versão oficial do bandeirismo, em São Paulo, sobre as epopéias bandeirantes, Jaeger sustentava a tese de que existiu um "éden no coração do Rio Grande", representado pelas missões, e que teria sido destruído pela "horrenda borrasca" das invasões bandeirantes. Não é o caso aqui de desenvolvermos a argumentação sobre a sua proposta geral de análise, pois o que queremos frisar é o modo como o indígena é considerado em sua descrição dos tempos anteriores à chegada dos inacianos.

Para descrever os antigos Guarani, afirma que na parte moral eram extremamente mentirosos, indolentes, casando-se com uma ou mais mulheres, que abandonavam com total facilidade a fim de tomar outras. Quanto à educação familiar entre esses índios, indica que os pais amavam cegamente a seus filhos, deixando-os em plena liberdade, e que além do manejo do arco e da flecha não lhes ensinavam coisíssima nenhuma. Escreve ainda que os meninos não eram vigiados, tampouco lhes corrigiam os maus instintos, ficando entregues à formação ingênita.

Ficamos sabendo, também, que o vestuário guarani era precaríssimo e que moravam em grandes galpões ou barracões, mal arejados, repletos de fumaça, onde viviam em berrante promiscuidade até cem ou mesmo duzentas pessoas de todas as idades e ambos os sexos, com grande perigo para a higiene e moralidade. Após algumas referências a suas atividades econômicas e habilidades com a flecha, o anzol e o uso de arbustos venenosos, Jaeger informa que o inspirador do chefe indígena, o mestre e dirigente de tudo e de todos, era o feiticeiro Pajé. É caracterizado como astuto e audaz e, segundo o autor, assentava seu poder na ameaça de envenenar os que não lhe obedecessem cegamente em todos os seus caprichos, sendo, em realidade, o expoente supremo da prepotência, baixeza, felonia e — mais tarde — de ódio requintado ao cristianismo.

Jaeger diz ainda que o Guarani mostrava uma indolência insuperável, que se refletia na sua inteligência tão embotada que mal sabia contar até quatro ou, algumas vezes, confusamente, até dez. A esse quadro sumário, o autor acrescenta algumas outras características, como a sua repelente luxúria e embriaguez, sua ferocidade, superstição pueril, enfim, tudo revelador de um estado miserável e degradante em que se encontravam os Guarani (e Tape) no início do século XVII.

A obra dos jesuítas, para Jaeger, representou a redenção material e espiritual dos indígenas, que, nas missões, ficavam sob o amparo paternal dos seus mais dedicados e decididos amigos, os missionários da Companhia, que os dirigiam com mão suave, mas firme, para o bem-estar corporal e ainda os encaminhavam para uma vida melhor no além-túmulo. Jaeger refere-se ainda ao santo e nobilitante empenho de civilizar os índios, esses infelizes enjeitados da mãe Natura, procurando fazer de animais verdadeiros homens, de feras cordeiros, de bárbaros, submersos no lamaçal de hediondos vícios, cristãos modelares e filhos do Pai Celestial.

Em resumo, esse é, para o autor, o conjunto da visão do indígena não-missioneiro. É bastante evidente que as justificativas dadas para enfatizar o papel evangelizador dos padres da Companhia de Jesus são muito toscos, quase uma transposição literal e freqüentemente exagerada de determinados preconceitos às vezes arraigados no senso comum.

Contudo, o ponto relevante a notar nesse pequeno livro de Jaeger é que trata de concepções sobre o indígena que de alguma forma se sedimentaram na historiografia sobre as bandeiras e que revelam, com toda sua óbvia tendenciosidade, a referida perspectiva artificial no processo de aculturação do indígena pelos jesuítas e a negação do sistema social vivido pelo índio.

Em realidade, e voltando ao ponto inicial, o branco não desenvolveu nenhuma outra alternativa para o indígena nos quadros da colonização que não fosse ou a submissão total ou o seu isolamento — extremamente provisório — através da ação jesuítica. Por sua vez, a orientação do Estado português, oscilando, ora a favor da Companhia de Jesus, ora a favor das reivindicações extremadas dos colonos, não contribuiu para que prevalecesse a política de preservação do "bem temporal" que o índio representava para a colonização, nem tampouco para a incorporação mais racional dos grupos locais ao processo de ocupação da terra.

Quanto às condições de vida do escravo indígena em São Paulo, eram das piores e os documentos da época se referem aos conselhos — inúteis — para que se desse bom tratamento às "peças", para que não fugissem e não "andassem" a morrer. Eram utilizados na lavoura, no serviço de casa, em alguns ofícios como o da tecelagem e fabrico de chapéus e os mais fortes no transporte de mercadorias e pessoas entre o mar e o planalto. Estes últimos desempenhavam uma tarefa realmente brutal, e Vieira os descreve trabalhando nus, com um trapo amarrado à cintura e tendo por ração uma espiga de milho ao dia.

Contudo, a atividade do indígena que parece ter sido a mais rentável para o colono paulista da época era a de caça ao próprio índio, pois tratava-se de "bons sertanistas cursados no sertão". A sua participação nas incursões bandeirantes para o apresamento é testemunhada, por exemplo, nos apontamentos de Martins Rodrigues, que afirma ter gasto 240 índios "em buscar esta gente encantada..." (alusão à dificuldade de encontrar índios para a captura). À condição de vida inumana os índios escravizados respondiam basicamente de três maneiras, através das fugas — muito freqüentes —, das revoltas e do suicídio. O único abrigo possível que o indígena podia encontrar para a violência exercida pelo branco era o sertão, "o grande, o eterno, o verdadeiro amigo e redentor dos indígenas", no dizer de Alcântara Machado.

O processo de perda de identidade cultural do indígena foi se acentuando cada vez mais com o passar do tempo e com a estabilização das práticas de escravização e submissão dos autóctones por parte do colonizador. Em São Paulo, o paulista também foi perdendo os pruridos de distinguir os naturais da terra dos escravos africanos, e os testamentos passam a se referir aos "negros de cabelo escorredio", aos "serviços obrigatórios de gente parda". O descaso para com a diferenciação étnica, além de expressar o nivelamento pela escravidão — em última instância o aspecto fundamental da questão — indica também o processo específico de descaracterização cultural do indígena.

Quanto ao rendimento bruto das bandeiras apresadoras, é muito difícil se ter uma idéia exata, pois, como já se disse anteriormente, os índios escravizados não podiam constar nem ser avaliados nos inventários.

Roberto Simonsen, na sua *História Econômica do Brasil*, considera fraco o rendimento das expedições, tendo em vista o esforço e sacrifício a que os bandeirantes tinham de se submeter. Quanto ao escravo índio, valia, como mercadoria, aproximadamente um quinto do que se pagava por um escravo africano. No tocante ao número de indígenas apresados nos sertões e nas missões, o autor estima que o total não tenha ultrapassado 300 000, o que equiva-

leria a 2.000.000 de libras esterlinas, menos de 1%
da rentabilidade apresentada no mesmo período pelo
chamado ciclo do açúcar e pouco mais de 1% do
valor auferido pelos setenta anos de intensa atividade
mineradora.

Com a transladação dos jesuítas para as margens dos rios Uruguai e Paraná, teve início o armamento dos índios missioneiros, reivindicação constante dos jesuítas à Coroa espanhola. Tratava-se da necessidade de opor resistência às novas incursões dos paulistas e de procurar preservar os núcleos remanescentes das reduções.

A nova estratégia de defesa militar surtiu seus efeitos, pois em 1638 Pascoal Leite Pais foi derrotado em Caasapaguaçu e em 1641 a expedição chefiada por Jerônimo Pedroso de Barros e Manuel Pires conheceu a mesma sorte, em Mbororé.

Apesar dessas derrotas, os assaltos continuaram a ocorrer durante algum tempo, e em 1648 uma nova bandeira comandada por Raposo Tavares penetrava no norte do Paraguai, atacando várias reduções. Contudo, o período da caça ao índio em larga escala chegava ao seu fim, e para isso concorreram vários fatores. Em 1640, Portugal readquiriu sua independência, desligando-se do reino de Espanha, e as conseqüências na América logo se fizeram sentir, tornando-se mais difícil o trânsito entre as possessões espanholas e portuguesas. Por sua vez, o término da preponderância holandesa no Atlântico e a retomada de Angola pelos portugueses em 1648 assinalaram o início do processo de rearticulação do tráfico de escravos africanos para o Brasil, diminuindo, deste modo, a procura dos escravos ameríndios. O próprio declínio do empreendimento açucareiro no Nordeste também contribuiu para que declinasse a demanda de mão-de-obra, e seus efeitos também se fizeram sentir nas atividades de apresamento dos paulistas.

NOVAS TENTATIVAS DE FORTUNA: O OURO DAS GERAIS

Como se sabe, o período de ouro das minas gerais está intimamente associado ao bandeirantismo paulista. Do ponto de vista dos sertanistas de São Paulo, a busca das minas revelava uma nova tentativa de encontrar "soluções de urgência" para a pobreza predominante em São Paulo e que se agravava com o crescimento do núcleo social primitivo e o incremento das necessidades econômicas de seus habitantes.

Na ausência, em São Paulo, de uma atividade agrícola plenamente inserida nos desígnios mercantis da colonização portuguesa, que fornecesse os bens tropicais exóticos exportáveis para a Europa, como era o caso do açúcar produzido em outros pontos da Colônia, e com o declínio da atividade de caça ao índio, os paulistas procuravam redirecionar e concentrar seus esforços em busca de outras alternativas econômicas. Novamente, a grande esperança era o sertão, esse sertão que "é bem o centro solar do mundo colonial" paulista, no dizer de Alcântara Machado. Só que desta feita buscavam-se os tesouros metálicos, que dariam fortuna instantânea aos seus descobridores, libertando-os da vida rústica e da penúria.

Em realidade, muito antes de se concretizarem os grandes achados de metais e pedras preciosas no Brasil, os portugueses estavam certos de poder encontrá-los nas novas possessões. A sua descoberta pelos espanhóis nos reinos dos astecas e dos incas estimulava com exemplos concretos as esperanças da Coroa portuguesa, dos colonizadores e aventureiros. Por sua vez, a ambição geral das riquezas metálicas se associava ao "amor do maravilhoso", que emprestava uma conotação fantástica aos sonhados tesouros. Saint-Hilaire, no seu *Quadro Histórico da Província de São Paulo*, referindo-se ao imaginário da época inicial da colonização sobre as riquezas desconhecidas, conta das versões que mencionavam rios transportando palhetas de ouro, montanhas que guardavam em seu seio tesouros inesgotáveis. Era preciso descobrir a cidade de Manoa, onde, por toda parte, resplandecia o metal objeto de tantos desejos; era necessário descobrir a Lagoa do Pão Dourado, que prometia, a quem a encontrasse, uma fortuna capaz de despertar a inveja dos mais poderosos potentados.

Quanto à localização dessas riquezas, supunha-se que não ficavam a grande distância, já que se considerava que as minas de prata de Potosi estavam próximas das fronteiras brasileiras. Desse modo, a penetração pelo sertão deveria naturalmente conduzir a elas. Em realidade, a extensão do continente sul-americano estava muito depreciada nestas expectativas, comuns na época. C. R. Boxer se refere, por exemplo, a um relatório de 1670, do cônsul Maynard, feito em Lisboa, em que transparece grande otimismo em relação à provável descoberta do ouro no interior de Piratininga, pois, de acordo com o documento, a região ficava na mesma latitude e no mesmo continente que o Peru, de que estaria separada apenas pelo rio da Prata e o Amazonas. Nesta passagem, pode-se perceber bem a "geografia fantástica da América" da época de que fala Sérgio Buarque de Holanda em seu livro *Visão do Paraíso*.

Desde o início da colonização pensava-se que a capitania de São Vicente constituía um lugar privilegiado para a procura de ouro e Martim Afonso de Souza teria escolhido a região entre a ilha de São Vicente e o planalto de Piratininga para o estabelecimento dos primeiros núcleos de povoação porque se tratava da provável "costa do ouro e da prata". O donatário da capitania vicentina chegou a enviar duas expedições para o interior, uma que partiu do Rio de Janeiro e outra de Cananéia, para a pesquisa de metais preciosos. Esta última, a maior delas, e de que se esperava um retorno com um grande carregamento de ouro, foi dizimada pelos índios no sertão.

Não era preocupação exclusiva a de Martim Afonso com a descoberta de minas em sua capitania.

Capistrano de Abreu se refere às tentativas de pesquisas de metais preciosos por parte de Cristóvão Jacques, João de Barros, e de Duarte Coelho, que esperava descobri-los no rio São Francisco. Por sua vez, corriam também notícias de ouro em Porto Seguro, e houve expedições para a sua procura até mesmo nas terras da Amazônia. O governador geral Tomé de Souza chegou a organizar uma expedição que cruzou a serra do Espinhaço e o colonizador Gabriel Soares deixou de cuidar dos seus negócios com engenho de açúcar para se dedicar à árdua tarefa de "revelar riquezas ocultas" para o governo da Metrópole.

Contudo, de todos estes intentos nada de concreto se conseguiu, a não ser pedras verdes — que não eram esmeraldas — a que se dava pouco valor em Portugal. A prata esperada por Gabriel Soares também não se revelou e as experiências levadas a efeito nas serras de Itabaiana, por indicações de um parente seu, não deram em nada.

As primeiras pesquisas de metal precioso, na capitania de São Vicente, tiveram maior sucesso, chegando-se a fazer, desde o início, alguma mineração incipiente. Carvalho Franco, no seu livro *História das Minas de São Paulo*, indica que Brás Cubas — cujas terras ficavam na posterior vila de Mogi das Cruzes, onde incidiam três caminhos do litoral e por onde também passava o caminho geral do sertão antigo — tomando este último caminho procurou encontrar a Serra Resplandecente e que desta jornada pela primeira vez se revelou oficialmente a existência de ouro no sul do Brasil. Dessa fase inicial tem-se ainda a evidência do registro de várias minas na câmara paulista.

A. J. Antonil refere-se, para o período em questão, à existência de ouro em Parnaíba, Paranaguá, Curitiba e Jaraguá, lembrando as dificuldades para "catar" e "juntar" o metal explorado de forma muito rudimentar. O ouro de lavagem ocorria ainda em outros pontos da capitania, mas parece que, segundo Roberto Simonsen, o de Jaraguá foi o de maior importância, de que se originou a fundação da casa da moeda em São Paulo e que por volta de 1664 chegou a bater a moeda de ouro paulista chamada "São Vicente". O cronista Antonil registra ainda a ocorrência de ferro na vila de São Paulo e menciona a extração de barras de metal na serra de Ibiraçoiaba, distante oito dias da vila de Sorocaba e doze da vila de São Paulo, "a jornadas moderadas". Existem inclusive referências de que Afonso Sardinha, Clemente Alves, associados a alguns outros, construíram dois fornos catalães para o preparo do ferro junto ao morro de Araçoiaba. De acordo com Antonil também era certa a existência de minas de prata, em São Paulo, a quarenta léguas da vila de Itu, ao leste e na serra de Sabarabuçu.

Concretamente, esse período inicial de pesquisa de metais preciosos na capitania de São Vicente não chegou a descobrir mais do que ouro em pequenas quantidades, e tudo indica que não se fizeram fortunas pessoais com esses achados. Do ponto de vista de São Paulo, Roberto Simonsen indica que mesmo com a exportação do ouro de lavagem, a cidade nunca chegou a ter meios suficientes para fazer face às necessidades dos produtos importados, como a pólvora, o sal, as ferramentas e panos, apresentando uma balança comercial sempre em déficit. Quanto ao total da produção de ouro de lavagem na capitania paulista durante todo o período colonial, o mesmo autor indica que Eschwege avaliou-a em 930 arrobas, cerca de 1.900.000 libras esterlinas.

Apesar da pequena dimensão dos achados do período do ouro de lavagem, na capitania do sul, as pesquisas nos rios e nos sertões apresentaram razoável continuidade e na passagem do século XVI para o século XVII, o enviado real D. Francisco de Souza incentivou a pesquisa das minas e organizou a estrutura burocrática inicial da administração mineira, posteriormente modificada pela Metrópole.

As grandes descobertas auríferas só se produziram efetivamente no final do século XVII e início do século XVIII, num contexto bastante diferente do período do ouro de lavagem, e que se caracterizava por modificações nas relações entre Metrópole e Colônia no seu conjunto. Por sua vez, estas modificações estão relacionadas com o conjunto de eventos que caracterizam o advento do período minerador.

Para situar com maior precisão o cenário em que estas transformações ocorreram e o modo como incidiram na vida política e econômica de Portugal e da colônia americana, é preciso lembrar que quando o reino ibérico readquiriu a sua independência da Espanha, em 1640, não se encontrava em posição de defender o que lhe restava de suas possessões, dada a crescente disputa dos mercados coloniais por parte da Holanda e Inglaterra, as duas grandes potências marítimas da época.

Além disso, existia a constante ameaça espanhola e a própria situação econômica de Portugal era muito precária. João Lúcio de Azevedo refere-se à diminuição, neste período, das exportações portuguesas de açúcar e tabaco devido à concorrência de Barbados, à derrota do pau-brasil nos mercados consumidores dada a presença de produtos mais baratos e à perda das Índias para os holandeses.

Tendo em conta a perspectiva das relações internacionais, Celso Furtado, na *Formação Econômica do Brasil*, sintetiza o dilema com que Portugal necessariamente tinha que se defrontar: era impossível manter a neutralidade em face das nações poderosas do momento. Para sobreviver como metrópole colonial, o reino ibérico inevitavelmente teria de ligar o seu destino a uma grande potência, o que implicava a alienação de boa parte de sua soberania. Portugal acabou por estabelecer uma aliança com a potência industrial emergente, a Inglaterra, através de acordos firmados em 1642, 1654 e 1661. Segundo Furtado, a característica comum destes tratados era a concessão de privilégios econômicos à Inglaterra que, por sua vez, se comprometia a oferecer garantias políticas ao enfraquecido reino ibérico, como ocorreu, por exemplo, no caso das Índias Orientais, em que Portugal abriu mão de Bombaim em troca das promessas inglesas de cuidar da segurança nas colônias portuguesas. A rigor, a possibilidade do pequeno e empobrecido reino ibérico continuar a ser uma grande potência colonial na segunda metade do século XVII, conservando a colônia brasileira, deve-se em grande parte à alienação de sua autonomia.

Contudo, o tratado que vinculou definitivamente o destino de Portugal aos desígnios dos interesses ingleses foi o de Methuen, celebrado em 1703. A primeira cláusula deste contrato permitia a entrada de panos e outras manufaturas de lã inglesas em Portugal, importações que estavam proibidas pelas leis de 1681 e 1690. Pela segunda cláusula firmava-se que os vinhos portugueses teriam um tratamento preferencial na Inglaterra em relação aos vinhos franceses, com uma redução de 1/3 nos direitos, podendo Portugal denunciar o tratado se houvesse interrupção no tratamento preferencial. A terceira cláusula estipulava o prazo de dois meses para que se ratificasse o convênio. Roberto Simonsen, resumindo o seu significado político-econômico, afirma que na perspectiva liberal trata-se, aparentemente, de um tratado que não apresenta nada de anormal, mas que, contudo, dadas as condições específicas da época e dos países envolvidos, continha dispositivos que incidiam sobre os próprios fundamentos da economia portuguesa. É preciso considerar que as manufaturas de pano de lã constituíam praticamente a totalidade dos produtos industriais de exportação na época e que, em conseqüência, a concorrência dos panos ingleses admitida por Portugal em seu próprio território acabou por eliminar as suas possibilidades industriais.

Em última instância, é esta subordinação econômica e política de Portugal à Inglaterra que explica o destino que posteriormente sofreu o ouro de origem brasileira. Como indica Roberto Simonsen, o ouro não permaneceu em Portugal, como pagamento de seus vinhos, nem nas reservas do erário real, que não podia retê-lo devido à ausência de saldos; passava pela Metrópole ibérica em direção à Inglaterra, contribuindo para alimentar a expansão do capitalismo industrial inglês.

No plano do cenário internacional, em suas linhas básicas, essa era a situação de Portugal na segunda metade do século XVII e início do século XVIII. Na perspectiva das relações específicas entre Metrópole e Colônia, as perdas sofridas por Portugal no setor oriental de suas possessões e a difícil situação econômica e política por que passava acarretaram um arrocho nas condições em que se efetivava o pacto colonial e que vão se fazer sentir sobretudo no plano das restrições econômicas e administrativas.

Analisando as mudanças ocorridas neste período, que se segue à recuperação da autonomia portuguesa, Caio Prado Jr. fala no surgimento de um novo sistema político e administrativo que, em última instância, visava assegurar que a colônia americana fosse estritamente uma produtora e fornecedora de gêneros úteis para a Metrópole, que lhe rendessem grandes lucros no mercado europeu. Tratava-se de um revigoramento do pacto colonial através do estabelecimento de uma orientação repressora no plano administrativo e rigorosamente restritiva das atividades da Colônia no plano econômico, concentrando-se todos os esforços no sentido de extrair-lhe o máximo possível, já que agora a possessão americana passava a ser vital para a sobrevivência do reino português.

Do ponto de vista do arrocho administrativo, Caio Prado Jr. refere-se ao restabelecimento da unificação administrativa através da criação do Conselho Ultramarino e à centralização operada ao nível da Colônia, com a imposição da dependência crescente dos donatários aos governadores representantes do poder real. As câmaras municipais da Colônia, instituições importantes na gerência da maior parte das questões públicas, perderam paulatinamente o seu papel tradicional, transformando-se em simples executoras das ordens dos enviados reais. Por sua vez, os juízes ordinários, eleitos localmente, foram substituídos pelos juízes de fora, de nomeação real, medida também inscrita no processo de cerceamento das práticas administrativas que apresentavam alguma margem de autonomia.

Quanto à política de monopólios, Portugal continuou, após a recuperação de sua autonomia, a seguir uma orientação bastante rígida, que se manifestou, por exemplo, na criação das companhias privilegiadas de comércio, em 1647 e 1682, a que se atribuía o direito de exclusividade no comércio colonial. Por seu turno, em 1665 era proibida a produção do sal no Brasil, cujo fornecimento ficava também sujeito a monopólio. Foram baixadas restrições ainda relativas ao fabrico de aguardente, ao cultivo da vinha, da oliveira, pimenta e canela, produtos que competiam com os produzidos em Portugal ou com as mercadorias provenientes do comércio asiático.

Em suas linhas fundamentais este era o cenário das novas relações entre Metrópole e Colônia e também o cenário em que vão ocorrer os eventos relacionados à busca e ao achado dos tesouros metálicos que, por sua vez, às primeiras notícias de sua existência vão exacerbar os aspectos coercitivos e parasitários da política portuguesa com relação ao Brasil.

A retomada das iniciativas de estímulo oficial aos paulistas para que procurassem as pedras coradas e os metais preciosos, única riqueza de que "se podia esperar remédio" — no dizer de João Lúcio de Azevedo — para a difícil conjuntura por que passava Portugal se deu no final do século XVII. Desde os fins do século XVI que se esperava particularmente dos paulistas a descoberta de tais riquezas, pois era conhecida sua experiência como sertanistas. Apesar de não se poder apontar este fator como única causa para a concentração dos esforços de pesquisa em São Paulo, deve ter pesado bastante na escolha deste núcleo como ponto de partida para a busca de minas preciosas.

Contudo, as primeiras convocações para que os paulistas efetivamente se empenhassem nessa busca não chegaram a trazer frutos concretos, o que se explica por duas ordens de fatores. Primeiramente, é preciso lembrar que a situação marginal de São Paulo no contexto da colonização portuguesa e a sua própria localização haviam tornado a região de certa forma isolada da ação das autoridades coloniais. A atitude dos paulistas com relação aos funcionários reais era inamistosa e os interesses da administração portuguesa por essa área eram muito pequenos, pois tratava-se de uma capitania pouco povoada e de importância econômica inferior quando comparada com o Rio de Janeiro, Bahia e Pernambuco, centros produtores do açúcar. Nestas condições, os paulistas encaravam as ordens régias como uma intromissão indevida em seus assuntos locais, como uma ameaça à vida sem controles oficiais a que tradicionalmente se haviam habituado. A rebeldia dos paulistas frente às injunções metropolitanas pode ser observada no caso da flagrante desobediência ou escamoteamento das leis sobre a escravidão indígena e no caso do conflito com os jesuítas que, após serem expulsos de São Paulo, só puderam voltar à capitania adotando uma atitude conciliatória para com os interesses escravagistas aí imperantes.

A mesma desconfiança demonstravam os paulistas com relação à política oficial de mobilização para pesquisa de riquezas minerais. Temiam que, no caso de as descobertas se efetivarem, sua liberdade fosse cerceada por um controle rígido da capitania por parte das autoridades coloniais. Sérgio Buarque de Holanda informa que um governador do Rio de Janeiro, Antônio Pais de Sande, na época, se referia ao pouco interesse dos paulistas pelas minas. Segundo ele, os habitantes de São Paulo afirmavam que, com os achados do ouro, a Metrópole acabaria por lhes impor governador e vice-rei, presídios na capitania para sua maior segurança, multiplicar os tributos e que perderiam o governo quase livre de sua república, não lhes sendo mais permitido irem ao sertão e, mesmo que fossem, as peças apresadas lhes seriam tomadas para serem utilizadas nas minas. Pais de Sande conta ainda que os paulistas que acompanharam o mineiro mandado por D. Francisco de Souza à serra do Sabarabuçu para ali realizar pesquisa mataram-no no caminho de volta para evitar que se desse notícia de alguma riqueza descoberta. Além disso, teriam escondido cargas de pedra extraída da serra, informando em São Paulo que o mineiro morrera na viagem e que estava enganado sobre as riquezas do Sabarabuçu. É útil observar neste relato o tom de animosidade que em geral caracterizava as relações entre os paulistas e as autoridades coloniais e que dificultou durante vários anos a concretização dos objetivos da Metrópole de utilizar São Paulo como ponta de lança para a descoberta das minas.

Por sua vez, e este ponto é fundamental, é preciso não esquecer que durante longo tempo os paulistas consideraram a preação dos índios um empreendimento mais seguro, principalmente no período em que estes podiam ser capturados em larga escala concentrados nas missões jesuíticas.

Foi somente em 1672, quando já se encontravam esgotadas as possibilidades de apresamento dos indígenas com resultados compensadores, que os reclamos da Coroa para que se efetivassem os achados de metais preciosos começaram a surtir efeito entre os habitantes do planalto. Nesse mesmo ano, a câmara de São Paulo recebeu uma carta do governo geral em que, no nome do rei, pediam-se notícias acerca da existência, nos sertões desta terra, de minas de prata e ouro e de esmeraldas. Para que se realizassem as pesquisas foi convocado o sertanista Fernão Dias Pais, administrador de algumas aldeias de índios Guanaã. O sertanista se aventurou numa expedição que durou dez anos e não chegou a retornar, falecendo nas matas do rio Doce, com a certeza de ter descoberto as esperadas esmeraldas, "secularmente esquivas", na expressão de Capistrano de Abreu.

A partir da expedição de Fernão Dias Pais teve início a prolongada busca das minas, que se estendeu até 1682 sem que se produzisse nenhum resultado.

Os primeiros achados compensadores só se realizaram uma década depois, mas não se conhece com certeza a data da primeira descoberta, nem tampouco sua localização precisa. A hipótese mais verossímil — sustentada por C. R. Boxer — é de que o ouro foi encontrado simultaneamente em vários pontos da região que posteriormente se chamou Minas Gerais, por diferentes pessoas e grupos de paulistas, nos anos entre 1693 e 1695.

Em realidade, a região já havia sido percorrida pelas bandeiras, ainda que superficialmente, um século antes, e de forma mais aprofundada pela referida expedição de Fernão Dias, à busca de esmeraldas, e de D. Rodrigo de Castel Blanco, entre 1674 e 1682. Boxer indica ainda que Manuel de Borba

Gato, implicado num caso de assassinato em Sumidouro em 1682, havia se refugiado na região do rio das Velhas, onde descobriu ouro de aluvião em quantidades razoáveis, e que teria guardado o segredo deste achado até o fim do século. Contudo, por volta de 1695 é possível que as notícias de sua descoberta tenham se propagado através do Rio de Janeiro.

Quanto à seqüência dos primeiros achados, Capistrano de Abreu menciona o de Antônio Dias, próximo a Ouro Preto, o de João de Farias, o de Bueno e Bento Rodrigues um pouco mais distantes, os do ribeirão do Carmo e do Ibupiranga, todos nas cercanias de Ouro Preto e Mariana. Os outros achados foram o do rio das Mortes, próximo a São João e São José del-Rei, caminho de São Paulo; o do rio das Velhas, revelado por Manuel de Borba Gato, caminho da Bahia; Caeté e, no alto Rio Doce e na cordilheira do Espinhaço, o Serro do Frio. O achado do ouro de Cuiabá ocorreu em 1719, com Pascoal Moreira Cabral, e em 1725 chegavam a São Paulo, com Bartolomeu Bueno, as notícias do ouro de Goiás.

Referindo-se ao período inicial da descoberta das minas, Saint-Hilaire relata que bandos numerosos de homens de todas as idades e de todas as condições saíam de São Paulo e das vilas vizinhas à cata de ouro. Seguiam por caminhos diferentes, e os primeiros a chegar ficavam na posse dos tesouros, espalhando-se, em pouco tempo, por toda a superfície da região descoberta.

No que diz respeito à forma de ocupação da área mineradora, de início os paulistas não formaram nenhum estabelecimento fixo. Quando encontravam o ouro em alguma localidade levantavam pequenas cabanas, e quando o ouro se esgotava seguiam adiante. Nas áreas em que as riquezas eram maiores se demoravam mais, chegando a erigir casas e constituir aldeias que, com o tempo, se transformaram em arraiais e, posteriormente, em cidades, como foi o caso de Mariana, Ouro Preto, Sabará, Caeté, Pitangui e São José.

Quanto às condições de vida, os primeiros tempos de existência da região mineradora revelam uma penúria extrema. Segundo relato da época, dez anos após as primeiras descobertas, os bens alimentícios, como a carne, o milho, a farinha, bem como a aguardente ou o vinho, eram extremamente raros e vendidos a preços exorbitantes, estimulando a ação dos especuladores. Somente em 1723 apareceram os primeiros porcos e galinhas e em 1725 um frasco de sal chegava a obter por pagamento meia libra de ouro. As plantações de milho eram devastadas pelos gafanhotos, pássaros e ratos. Em termos de implementos técnicos, a primeira ferramenta para a mineração só chegou em 1721.

A situação só começou a melhorar paulatinamente a partir de 1725, com a utilização de novas rotas de navegação, com a abertura de novos caminhos por terra e o início de atividades agrícolas e pastoris mais estáveis. Contudo, durante a primeira metade do século a provisão de alimentos não chegou a ser abundante.

Dos caminhos primitivos para as terras recém-descobertas, Capistrano de Abreu informa que um partia de São Paulo, acompanhava o Paraíba, transpunha a Mantiqueira, cortava as águas do Rio Grande e adiante bifurcava para o rio das Velhas ou o rio Doce, conforme o destino que se buscava. Outro saía ou de Cachoeira na Bahia e subia o rio Paraguaçu, ou, tomando outras direções, passava a divisória do São Francisco, margeando-o até o rio das Velhas. O caminho do Rio seguia por terra ou mar até Parati, pela antiga picada dos Guianá, subia a serra do Facão nas proximidades da atual cidade de Cunha e em Taubaté entroncava na estrada geral de São Paulo. Anos depois, o entroncamento passou a ser feito em Pindamonhangaba.

Um novo caminho, pelo qual se buscava uma ligação mais direta da região mineira com a cidade de São Sebastião, foi aberto pelo filho de Fernão Dias. Partindo das cercanias da atual cidade de Barbacena, passava pela Mantiqueira, seguia o Paraibuna até sua barra no Paraíba e pela serra dos Órgãos chegava até a baía do Rio.

Com relação às repercussões das novas descobertas em outros pontos da Colônia, não se pode deixar de enfatizar a grande migração de brancos e dos escravos negros para a região das minas. Tornou-se comum reexportar os escravos do Rio de Janeiro para as Gerais, configurando-se uma situação de escassez de mão-de-obra nas principais capitanias do Nordeste.

Por sua vez, os efeitos da "corrida do ouro", na expressão de C. R. Boxer, logo se fizeram sentir na estrutura de preços da Colônia. As elevadas quantias pagas por todo tipo de mercadorias na região recém-descoberta acabaram por exercer um poder de atração sobre as mercadorias tradicionalmente destinadas a outros mercados, gerando escassez e elevação de preços em certos centros. Além disso, as pessoas ligadas à prestação de serviços preferiam seguir para as áreas mineradoras, onde podiam obter ganhos bem maiores que os usuais.

Mas não foram apenas os habitantes da Colônia que afluíram em massa para as Minas Gerais. O fluxo migratório de Portugal para o Brasil, que se iniciara em meados do século XVII, ganhou novo ímpeto com a notícia das descobertas auríferas. A chegada maciça de estrangeiros, que vinham disputar a posse das novas riquezas aos paulistas, logo teve por conseqüência a eclosão de seguidos conflitos entre os forasteiros ou emboabas e os grupos locais. Durante o século XVIII, esses confrontos se resolveram pelos meios repressivos utilizados por Portugal e, no início do século seguinte, acabaram por se desdobrar nos movimentos de luta pela emancipação.

Na perspectiva das autoridades coloniais, os novos achados despertaram reações contraditórias: por um lado, entrevia-se um século de prosperidade para a Metrópole, e por outro colocava-se de forma premente a questão do controle administrativo, fiscal e policial da área mineradora e de sua população. Saint-Hilaire descreve os homens que afluíram para as Gerais como a "escória de Portugal e do Brasil", formada por aventureiros, desertores e criminosos perseguidos pela justiça. Referindo-se aos primórdios da vida na região, resume suas principais características: "Todos os vícios, parece, tiveram morada na região das minas. Todas as paixões desencadearam-se ali; ali se cometeram todos os crimes".

O relato das autoridades coloniais revelava a preocupação com esses homens que vivam sem lei e em pecado, pondo em perigo a segurança da própria Colônia, já que não estavam sujeitos a nenhuma forma de controle pelas autoridades administrativas e religiosas. De início tentou-se efetivar o policiamento da região através do controle dos caminhos de acesso, controle que em geral se mostrou ineficaz. Só paulatinamente as autoridades coloniais conseguiram organizar administrativamente a região, e a estrutura burocrática que daí decorreu sempre esteve intimamente associada à garantia dos interesses fiscais da Coroa sobre as riquezas metálicas.

Não é o caso aqui de avançarmos na consideração do período minerador propriamente dito, nem tampouco em seus desdobramentos históricos posteriores, inclusive porque o tema faz parte de um outro livro desta mesma coleção. Contudo, tendo em vista o tema que nos ocupa — as entradas e bandeiras dos paulistas — é útil uma referência aos destinos que tomou São Paulo com a descoberta das minas.

Diferentemente do que ocorreu no período da caça aos índios, em que os paulistas se ausentavam pelo sertão e depois retornavam, revivendo continuamente o binômio sertão—São Paulo, característico dos dois primeiros séculos, com a descoberta das riquezas metálicas a população começou a rarear. Os que se dirigiam para a região mineradora à busca de enriquecimento rápido não voltavam, e a agricultura e a criação foram abandonadas por falta de escravos.

Quanto às riquezas das minas, passaram de maneira muito fugaz por São Paulo. Richard M. Morse definiu com acerto a relação entre o ouro e São Paulo, ao afirmar que à exceção de um influxo inicial do metal precioso, as novas atividades econômicas passaram ao largo do planalto, como ocorrera anteriormente com o pau-de-tinta e o açúcar. As bandeiras agora entravam para o imaginário das lendas e, segundo Morse, a perspectiva econômica de São Paulo, nesta nova fase, não ia além de uma agricultura quase primitiva, que se mantinha através do tempo.

Agravando o quadro crítico da economia paulista, em 1758 foi abolida a escravidão indígena em todo o Brasil, através de um decreto de D. José I, de que era ministro o marquês de Pombal. Ora, é sabido que os escravos índios em São Paulo constituíam a principal riqueza da maior parte das famílias proprietárias que, com a nova lei, inevitavelmente se arruinaram. Além disso, São Paulo, desde 1701, sofreu uma série de restrições comerciais e a imposição do monopólio do sal, que chegou a gerar sérios conflitos entre os paulistas e os monopolizadores.

Finalmente, do ponto de vista administrativo, de 1720 até 1748, a capitania paulista perdeu Minas Gerais, o Rio Grande do Sul, a ilha e a costa de Santa Catarina, Cuiabá e Goiás, o que revelava por um

lado o descaso oficial da Metrópole pela capitania vicentina e também o intento de não permitir que ela fosse o centro de uma grande área administrativa.

O quadro de crise econômica e social de São Paulo perdurou por aproximadamente um século e meio, até que o advento do café e das estradas de ferro trouxesse consigo uma fase de desenvolvimento mais estável.

A QUESTÃO
DO HERÓI BANDEIRANTE

Tanto Southey como Saint-Hilaire e posteriormente Oliveira Martins, Oliveira Vianna, A. E. Taunay, Alfredo Ellis e Cassiano Ricardo contribuíram de alguma forma para a consolidação da imagem heróica do bandeirante. Herói civilizador, que realiza e antecipa, através de suas ações práticas, a "alma da nação brasileira" e que constrói e prenuncia o Estado nacional, através do devassamento dos sertões e da incorporação de imensas regiões ao domínio brasileiro. Esta, em suas linhas básicas, é a afirmação central comum a todas as glorificações da figura histórica do bandeirante paulista.

Fundamentalmente, parece que estamos diante de uma versão da concepção contemporânea de herói, na forma como este foi definido, por exemplo, por G. W. F. Hegel. Para Hegel, o herói ou homem histórico é aquele que, através da busca de determinados objetivos próprios, pessoais, realiza determinados princípios gerais, definidos em última instância pela permanência de um povo ou de um Estado.

Suas ações alteram o curso regular do mundo e são inspiradas por um espírito interior que, impondo-se ao mundo exterior, rompe-o em pedaços, como se fosse uma concha, pois, enquanto herói, traz em si outro princípio de organização do mundo, que precisa se efetivar. Os heróis são homens que extraem o impulso de vida do interior de si mesmos, e cujos feitos produzem um estado de coisas, um complexo de relações históricas que parecem ser apenas seu interesse, sua obra. Tais indivíduos não têm consciência da idéia geral que estão desenvolvendo, pois perseguem seus próprios objetivos, mas têm conhecimento do princípio nascente, do passo que é preciso dar, diretamente seguinte, do progresso necessário de seu tempo: suas façanhas são o melhor de seu tempo.

Para os estudiosos das bandeiras da primeira metade do nosso século, o bandeirante era considerado exatamente um elo fundamental da constituição e permanência do povo brasileiro e do Estado nacional, em última instância, de sua unidade geográfica e política: "De qualquer maneira... é certo que aos paulistas vetustos das eras passadas deve o Brasil o que é como grande nação continental" (Alfredo Ellis Júnior, *O Bandeirismo Paulista*). Ao mesmo tipo de conclusões chega A. E. Taunay, na justificativa de seu trabalho como historiador das bandeiras e de suas iniciativas de homenagens aos bandeirantes como diretor do Museu Paulista: "É, para nós, grande motivo de íntima satisfação haver levado a cabo este empreendimento; podido fazer esta oferenda, como que em nome da Nação, à glória dos pioneiros do Brasil" (*História Geral das Bandeiras Paulistas*).

Uma forma mais acabada deste tipo de concepção é dada por Cassiano Ricardo em seu livro *Marcha para o Oeste*. O autor sustenta a tese de que o fenômeno social bandeira é fundamentalmente um processo, em que os paulistas, através de seus vários avanços geográficos, tiveram que se adaptar a várias mudanças, à pressão das condições e a circunstâncias determinadas. Por sua vez, o bandeirismo não deve ser considerado como um fenômeno exclusivamente paulista, pois qualquer ação, oriunda de qualquer região do País, que implique a integração nacional e territorial de áreas sertanejas, será bandeirismo.

Assim, segundo C. Ricardo, todo brasileiro que pratique "atos de bandeirismo" estará inscrito na tradição bandeira. Considerando-se o que foi dito, o bandeirismo é encarado como estado ou imposição de espírito, é o *ethos* paulista ou personalidade bandeirante presente na personalidade brasileira. Trata-se de um bandeirismo que o autor chama de obrigatório, que se impõe pelas dimensões territoriais brasileiras e em função do expansionismo interno. Trata-se de um bandeirismo estatal, com apelo emocional, nacionalista, político, que faz parte dos programas de organização nacional, como a "marcha para o Oeste" do governo Vargas, a mudança da capital para Brasília, a "Operação Rondon" e a Transamazônica.

Essa interpretação generalizante do bandeirismo feita por Cassiano Ricardo tem a vantagem de explicitar ao máximo a concepção historiográfica do herói bandeirante ligado à permanência do povo e do Estado.

Na versão dos estudiosos das bandeiras, o bandeirante, que em suas ações é homem de seu tempo, na perspectiva histórica realmente rompe com o curso dos eventos, ele altera as disposições de Portugal, Espanha e da Santa Sé sobre a distribuição geográfica do Novo Mundo, modifica os desígnios da expansão espanhola e jesuítica, faz descobertas que redirecionam o curso da história e — aspecto crucial — é a corporificação individual de um novo tempo histórico de que é o prenúncio — o da nacionalidade. Observando retrospectivamente, os estudiosos das bandeiras consideram que seus feitos são o que há de melhor de seu tempo, pois contribuíram para a formação nacional de maneira mais acentuada do que as outras personagens históricas da época envolvidas nos episódios de luta e expulsão dos estrangeiros e nos eventos da evolução administrativa colonial.

Contudo, a concepção triunfal da figura do bandeirante, principalmente na historiografia paulista das três primeiras décadas do século, apesar de acabar sedimentando-se como interpretação dominante e como mito vivo, não é a única existente.

Encontramos uma visão crítica da figura heróica do bandeirante, a partir de uma perspectiva que recoloca em cena a violência cometida contra o indígena, em Capistrano de Abreu, considerado por Taunay como pioneiro dos estudos sobre as bandeiras e o povoamento sertanejo. Em seus *Capítulos de História Colonial*, o autor assume uma postura crítica em certo sentido radical frente às ações dos bandeirantes paulistas, mais especificamente em relação às que ocorreram na região das missões jesuíticas. Valendo-se basicamente dos relatos do padre Montoya, superior do Guairá, sobre as práticas de violência e genocídio praticadas pelos bandeirantes nas suas incursões para apresamento de indígenas, questiona o valor da expansão territorial a eles atribuída no sul.

Numa passagem estratégica de seu livro, após relatar a *razzia* de Raposo Tavares em Jesus Maria, no rio Pardo, e a matança de indígenas que ocorreu neste episódio, Capistrano de Abreu se pergunta: "Compensará tais horrores a consideração de que por favor dos bandeirantes pertencem agora ao Brasil as terras devastadas?". O que esta indagação coloca, de forma resumida, é que a expansão geográfica, no caso, não deveria ser considerada como um valor isolado e absoluto, desvinculando-a da reflexão sobre a presença de uma população indígena envolvida no próprio processo de expansão territorial e que sofreu verdadeiros massacres.

Numa outra perspectiva, que poderíamos denominar de "crítica ética e espiritual" temos a visão da figura heróica do bandeirante contida no famoso livro de Viana Moog *Bandeirantes e Pioneiros*. Para o autor, a ação do bandeirante do século XVII foi predatória, despovoadora, destruidora da formação incipiente da agricultura brasileira estável, em contraste com a obra material levada a efeito pelo pioneiro norte-americano, definido como desbravador com ânimo de estabilidade, povoador, trabalhador orgânico consciente de sua ação social e de suas implicações futuras.

Contudo, segundo Viana Moog, com o correr do tempo, a imagem heróica do bandeirante foi a representação que afinal se firmou, promovida a símbolo, idealizada e, talvez, a imagem mais cultivada pelo brasileiro, apesar do surgimento de novos tipos sociais e de seus respectivos símbolos. Por todo o Brasil, "em todas as ilhas do arquipélago cultural brasileiro", encontrar-se-ia, ainda e sempre, a marca do bandeirante. Marca do bandeirante que, para o autor, significa a existência de uma continuidade do espírito predatório — em todos os sentidos — na vida nacional: "Nas ideações, na expectativa de fortuna rápida, na obsessão do golpe, na instabilidade social, no apego ao litoral, na xenofobia econômica, na pobreza de centros sociais para tratar de interesses coletivos e não apenas dos de classe e de casta, na vida pública e na vida privada, não há setor em que não se encontrem resquícios do estilo de vida do bandeirante e o rastro da bandeira" (Viana Moog, *Bandeirantes e Pioneiros*).

Como se pode perceber, este autor procurou

inverter os sinais do culto do herói bandeirante, tentando cercá-lo criticamente nas suas múltiplas manifestações, como se estivesse diante de um símbolo dotado de um poder de ubiqüidade e de permanência histórica e que pudesse corporificar e revelar as várias faces do que acreditava serem os males da nacionalidade.

Sua visão crítica do bandeirismo e do símbolo do bandeirante no decorrer da história brasileira — como já foi dito — revela uma perspectiva ética, uma preocupação com a reforma espiritual dos brasileiros que erradicasse o que denomina de espírito de bandeira.

Do ponto de vista da historiografia das bandeiras, outra versão crítica do bandeirantismo na perspectiva de uma história social rigorosa do bandeirante, com visíveis efeitos desmistificadores, encontra-se no livro de Alcântara Machado *Vida e Morte do Bandeirante*. Publicado em 1929, portanto no período áureo de glorificação da imagem do bandeirante em São Paulo, representou um esforço pioneiro de realização de um estudo do bandeirismo preocupado com a observância de critérios interpretativos mais exigentes do que os usuais na época, valendo-se de métodos então utilizados pela história e antropologia social. Segundo Sérgio Milliet, *Vida e Morte do Bandeirante* assinala o próprio início do estudo da história social no Brasil, "pelo esmiuçamento e a análise direta, objetiva, dos documentos de ordem cultural, no sentido mais amplo e sociológico da palavra".

Este estudo "direto" e "objetivo" do bandeirantismo valeu-se da série de documentos publicados em São Paulo, em 1920, sob o governo de Washington Luís, os *Inventários e Testamentos*, que vinham a público na esteira da divulgação de outras séries documentais sobre São Paulo, de 1894, com as primeiras iniciativas de Antônio Piza no Arquivo do Estado de São Paulo. Através destes documentos, Alcântara Machado procurou reconstruir sociologicamente a vida cotidiana do paulista e do incipiente povoado bandeirante, evitando os caminhos, na época dominantes na história das bandeiras, das biografias dos grandes homens, do relato das façanhas militares e da genealogia.

Dentre as contribuições fundamentais que a análise contida em *Vida e Morte do Bandeirante* trouxe como contraste com a versão triunfal do bandeirante e do bandeirantismo, é indispensável referir-se a dois aspectos interligados: as questões indígena e do herói. Quanto ao primeiro ponto, Alcântara Machado compõe uma imagem clara e precisa da combinação de violência e malícia que caracterizam as várias etapas da escravização do indígena pelos paulistas — a burla da lei, as violentas arremetidas ao sertão, a brutalidade cotidiana, as revoltas, os suicídios, as fugas e a descaracterização cultural — como termo final do processo. Com a própria descrição dos processos empregados em todo o percurso por que passava a escravização do indígena, a imagem usual do herói bandeirante já fica necessariamente desgastada; contudo, o desenho do perfil do paulista dos seiscentos, em sua vida cotidiana, atitudes, comportamentos, acentua mais o seu lado pouco glorioso.

O bandeirante que Alcântara Machado nos mostra é o simples morador de uma região secundária da Colônia, sem importância econômica, distante dos centros mais dinâmicos do Brasil e da Europa, que levava uma vida quase indigente, lutando com as injunções mais imediatas e prementes de uma existência material extremamente difícil. Pobre, analfabeto, sem perspectivas, tinha nas suas investidas ao sertão as únicas chances de modificar sua sorte material, que nesta medida passavam a ser, para usar a expressão de Sérgio Milliet, "soluções de inexorável urgência".

Ao retirar as pompas militares e o tom epopéico na narrativa do bandeirantismo e ao enfatizar o estudo sociológico da vida material cotidiana do paulista, Alcântara Machado contribuiu de alguma forma para a dessacralização do mito do bandeirante e para que se tivesse uma visão mais clara e objetiva do período e do tema.

Dentre os vários pontos levantados nestas versões críticas da figura heróica do bandeirante, há um aspecto que parece particularmente importante recuperar e recolocar em cena, isto é, o da violência e genocídio praticados por ele contra o indígena, pois trata-se do contraponto histórico necessário da sua imagem triunfal. Denúncia já presente na própria época das entradas e bandeiras, no registro dos jesuítas, esteve também na base da constituição inicial dos estudos sobre o sertão e os paulistas, nos escritos de Capistrano de Abreu. Posteriormente, os estudiosos das bandeiras paulistas, criadores da imagem heróica do bandeirante, celebraram o pioneirismo do historiador cearense, deixando de lado, cautelosamente, o questionamento que fizera das ações paulistas na região das missões. O que em realidade fez a versão oficial do bandeirismo foi restringir a denúncia de violência ao relato jesuítico da época, denúncia que por sua vez foi desqualificada em sua legitimidade, sob a alegação de que a violência era própria dos tempos, argumento já examinado algumas páginas atrás.

A rigor — e basta examinar os textos para se certificar — a construção da figura do herói bandeirante só avançou na proporção exata em que se encobriu ou descartou a questão da violência cometida contra os grupos locais, abrindo caminho, deste modo, para que se exaltasse a idéia de expansão territorial e heroísmo, desvinculando-a da interpretação de seu verdadeiro contexto histórico e social do século XVII, que necessariamente envolve a consideração do destino que sofreu a população indígena que esteve sob a área de ação das bandeiras.

INDICAÇÕES PARA LEITURA

Provavelmente, o melhor caminho para tomar um contato inicial com o tema "Entradas e Bandeiras" seja o livro de Alcântara Machado *Vida e Morte do Bandeirante*, São Paulo, Martins Editora, e o de Capistrano de Abreu, *Capítulos de História Colonial*, Rio de Janeiro, Sociedade Capistrano de Abreu, Livraria Briguet, 1969, 5ª ed. O primeiro traz informações valiosas sobre a vida material dos paulistas na época do bandeirismo, e o capítulo "Índios e Tapanhunos" é particularmente útil para que se possa compreender aspectos importantes da escravidão indígena em São Paulo. Do segundo livro, o capítulo relevante para o tema do bandeirismo é o que se intitula "O Sertão", que contém uma narrativa indispensável sobre a ação dos bandeirantes na região missioneira.

Sobre a fundação e evolução inicial da cidade de

São Paulo, pode ser consultado o livro de Caio Prado Jr., *Evolução Política do Brasil e Outros Estudos*, São Paulo, Editora Brasiliense, 1961, que contém um capítulo denominado "A Cidade de São Paulo, Geografia e História". Neste mesmo livro existem referências ao problema da escravidão indígena no priméiro capítulo, em que também pode ser encontrada a conhecida interpretação sobre o império temporal pretendido pelos jesuítas na América Latina.

Ainda sobre o período inicial da história de São Paulo, pode-se ler o livro de Richard M. Morse, *Formação Histórica de São Paulo*, São Paulo, Difel, 1970. Uma narrativa sobre o bandeirismo do ponto de vista da expansão territorial pode ser encontrada no texto de Míriam Ellis, "As bandeiras na expansão geográfica do Brasil" *in História Geral da Civilização Brasileira*, Tomo I, vol. 1.

Quanto ao bandeirismo ligado à mineração, além da *História Econômica do Brasil*, de Caio Prado Jr. e a *Formação Econômica do Brasil*, São Paulo, Cia. Editora Nacional, 1967, de Celso Furtado, é bastante útil o livro de C. R. Boxer, *A Idade de Ouro no Brasil*, São Paulo, Cia. Editora Nacional, 1963, que contém referências sobre pontos relevantes do tema.

O livro de Sérgio Buarque de Holanda, *Visão do Paraíso*, Rio de Janeiro, José Olympio, 1959, é uma leitura obrigatória para a compreensão do imaginário mítico referente às minas do Brasil.

Para se ter uma idéia da historiografia das bandeiras paulistas das três primeiras décadas deste século pode ser consultado o Tomo I da *História das Bandeiras Paulistas*, de Affonso de E. Taunay, São Paulo, Edições Melhoramentos em convênio com o Instituto Nacional do Livro, Ministério da Educação e Cultura, 1975. O capítulo II deste livro é particularmente proveitoso para o entendimento de sua abordagem do problema indígena.

Quanto ao tema específico das "Monções" e do aproveitamento dos rios na penetração sertaneja bandeirante, ver o livro *Monções*, de Sérgio Buarque de Holanda, Rio de Janeiro, Coleção Estudos Brasileiros da C.E.B., 1945.

Com relação à presença dos bandeirantes na repressão ao quilombo dos Palmares, tem-se o livro de Clóvis Moura, *Os quilombos e a rebelião negra*, São Paulo, Brasiliense, 1981. Sobre esta questão pode-se consultar ainda o livro de Édison Carneiro, *O Quilombo dos Palmares*, Rio de Janeiro, Civilização Brasileira, 1966.

A caracterização das missões jesuíticas e de seu papel econômico e social pode ser encontrada em Darcy Ribeiro, *As Américas e a Civilização*, Petrópolis, Vozes, 1979. Sobre as relações conflituosas entre colonizadores, índios e jesuítas é bastante proveitosa a leitura do livro de Florestan Fernandes *Investigação Etnológica no Brasil e Outros Ensaios*, Petrópolis, Vozes, 1975.

As Invasões Bandeirantes no Rio Grande do Sul — 1635-1641, do padre Luís Gonzaga Jaeger, publicado na década de 1930 pelo Ginásio Anchieta, de Porto Alegre.

Estas indicações, como o leitor facilmente perceberá, oferecem diferentes perspectivas para a abordagem do tema, o que eventualmente poderá dar possibilidade de contrastar as interpretações correntes.

Sobre o Autor

Carlos Henrique Davidoff é bacharel em História pela Universidade de São Paulo e mestre em Ciências Sociais pela Universidade Estadual de Campinas. Foi aluno também, a nível de doutorado, do curso de pós-graduação do Instituto de Estudos Latino-Americanos da Universidade de Glasgow, Escócia.

Em 1975-1976 foi professor de Teoria Política da Escola de Administração de Empresas da Fundação Getúlio Vargas de São Paulo. Atualmente é professor de Sociologia da Universidade Estadual Paulista — UNESP.

Defendeu tese de mestrado em 1976 sobre o pensamento político de Gilberto Freire e Oliveira Vianna. Também é membro da Comissão Editorial da revista *Perspectivas*, de Ciências Sociais, da UNESP.

tudo é história

HISTÓRIA DA AMÉRICA

ANTIGA
(Período Pré-Colombiano)

A América Pré-Colombiana

MODERNA
(Séc. XV a XVIII)

Afro-América ☆ Bolívia ☆ Guerra Civil Americana

CONTEMPORÂNEA
(Séc. XIX e XX)

Caribe ☆ O Caudilhismo ☆ Chile ☆ A Guerra do Paraguai ☆ Haiti ☆ As Independências na América Latina ☆ O Militarismo na América Latina ☆ Movimento Operário Argentino ☆ O Populismo na América Latina ☆ A rebelião de Tupac Amaru

HISTÓRIA GERAL

A Pré-História

ANTIGA
(Até o séc. V)

O Egito Antigo ☆ O Mundo Antigo: Economia e Sociedade ☆ A Reforma Agrária na Roma Antiga

MEDIEVAL
(Séc. V a XV)

A Caminho da Idade Média ☆ As Cruzadas ☆ O Feudalismo ☆ O Império Bizantino ☆ A Inquisição ☆ O Mundo Carolíngio

MODERNA
(Séc. XV a XVIII)

A Etiqueta no Antigo Regime ☆ O Iluminismo e os Reis Filósofos ☆ A Inquisição ☆ Mercantilismo e Transição ☆ As Revoluções Burguesas ☆ A Revolução Inglesa

CONTEMPORÂNEA
(Séc. XVIII a XX)

Apartheid ☆ Argélia: A Guerra e a Independência ☆ A Formação do 3.º Mundo ☆ Guiné-Bissau ☆ História da Ordem Internacional ☆ Londres e Paris no séc. XIX ☆ A Luta Contra a Metrópole ☆ Movimento e Pensamento Operário antes de Marx ☆ O Nascimento das Fábricas ☆ Oriente Médio e o Mundo dos Árabes ☆ Paris 1968: As Barricadas do Desejo ☆ A Poesia Árabe Moderna e o Brasil ☆ A Redemocratização Espanhola ☆ A República de Weimar e a Ascensão do Nazismo ☆ Revolução e Guerra Civil na Espanha ☆ A Revolução Industrial ☆ A Revolução Russa

HISTÓRIA DO BRASIL

COLÔNIA
(1500-1822)

Bandeirantismo: Verso e Reverso ☆ Barroco Mineiro ☆ A Civilização do Açúcar ☆ O Continente do Rio Grande ☆ O Escravo Gaúcho ☆ A Família Brasileira ☆ Formação do Espaço Agrário Brasileiro ☆ O Fumo no Brasil Colônia ☆ Guerras do Brasil

IMPÉRIO
(1822-1889)

A Abolição da Escravidão ☆ A Balaiada ☆ A Crise do Escravismo e a Grande Imigração ☆ A Economia Cafeeira ☆ A Guerra Contra o Paraguai ☆ A Guerra do Paraguai: 2.ª visão ☆ Nordeste Insurgente (1850-1890) ☆ Os Quilombos e a Rebelião Negra ☆ A Revolta dos Parceiros ☆ A Revolução Farroupilha

REPÚBLICA
(1889-   )

A Burguesia Brasileira ☆ Brasil: do Café à Indústria ☆ Breve História do Feminismo no Brasil ☆ A Campanha do Petróleo ☆ A Cidade de São Paulo ☆ Canudos ☆ Cidadelas da Ordem ☆ A Coluna Prestes ☆ Constituintes e Constituições Brasileiras ☆ O Coronelismo ☆ O Cotidiano de Trabalhadores ☆ Cultura e Participação nos Anos 60 ☆ A Escola e a República ☆ O Estado Novo ☆ O Governo Goulart e o Golpe de 64 ☆ O Governo Jânio Quadros ☆ O Governo Juscelino Kubitscheck ☆ História da Música Independente ☆ A Industrialização Brasileira ☆ Juventude Operária Católica ☆ A Liberdade Sindical no Brasil ☆ Mata Galegos ☆ Movimento Grevista no Brasil ☆ Movimento de 32 e a Causa Paulista ☆ A Ocupação da Amazônia ☆ Partido Republicano Federal ☆ A Proclamação da República ☆ Revolução de 30: A Dominação Oculta ☆ São Paulo na Primeira República ☆ A Segurança Nacional ☆ Tio Sam chega ao Brasil

BIOGRAFIAS

Friedrich Nietzsche ☆ Sigmund Freud

Coleção Primeiros Passos
Uma Enciclopédia Crítica

ANTROPOLOGIA/RELIGIÃO
Baralho
Benzeção
Budismo
Candomblé
Capoeira
Comunidade Eclesial
 de Base
Espiritismo
Espiritismo 2ª Visão
Etnocentrismo
Folclore
Futebol
Igreja
Islamismo
Língua
Mito
Música Brasileira
Pastoral
Pentecostalismo
Religião
Superstição
Tabu
Teologia da Libertação
Umbanda

POLÍTICA
Agrária, a questão
Alienação
Anarquismo
Autonomia Operária
Capital
Capital Internacional
Capitalismo
Cidadania
Comissões de Fábrica
Comunismo
Constituinte
Cooperativismo
Democracia
Deputado
Desobediência Civil
Dialética
Direitos da Pessoa
Ditaduras
Eleições
Estrutura Sindical
Geopolítica
Golpe de Estado
Greve
Guerra
Ideologia
Imperialismo
Liberdade
Mais-Valia
Marxismo
Materialismo Dialético
Nacionalidade
Nazismo
Palestina, a questão

Parlamentarismo
Parlamentarismo Monárquico
Participação Política
Poder
Política
Política Cultural
Política Nuclear
Política Social
Positivismo
Propaganda Ideológica
Reforma Agrária
Revolução
Sindicalismo
Socialismo
Stalinismo
Trotskismo
Vereador

SOCIOLOGIA
Alcoolismo
Apartação
Cidadania
Cidade
Comunidade Eclesial
 de Base
Crime
Cultura
Cultura Popular
Família
Feminismo
Fome
Homossexualidade
Igreja
Imoralidade
Intelectuais
Lazer
Literatura Popular
Loucura
Menor
Moradia, a questão da
Morte
Música Brasileira
Música Sertaneja
Negritude
Nordeste Brasileiro
Participação
Pessoas Deficientes
Política Social
Pornografia
Prevenção de Drogas
Psicologia Social
Punk
Racismo
Segurança do Trabalho
Serviço Social
Sociologia
Sociologia do Esporte
Suicídio
Tortura
Toxicomania

Trabalho
Trânsito
Transporte Urbano
Urbanismo
Violência
Violência Urbana

DIREITO
Constituinte
Diplomacia
Direito
Direito Autoral
Direito Internacional
Direitos da Pessoa
Direitos Humanos
Habeas-Corpus
Justiça
Nacionalidade
Poder Legislativo

ECONOMIA/ADMINISTRAÇÃO
Administração
Bolsa de Valores
Burocracia
Dívida Externa
Economia
Empregos e Salários
Empresa
Estatística
FMI
Funcionário Público
Inflação
Mais-Valia
Marketing
Multinacionais
Questão Agrária
Recessão
Recursos Humanos
Reforma Agrária
Subdesenvolvimento
Taylorismo
Trabalho

EDUCAÇÃO
Adolescência
Brinquedo
Criança
Educação
Educação Física
Escolha Profissional
Esporte
Filatelia
Leitura
Literatura Infantil
Menor
Método Paulo Freire
Pedagogia
Universidade
Xadrez

FILOSOFIA
Arte
Ceticismo
Dialética
Ética
Existencialismo
Filosofia
Filosofia Medieval
Ideologia
Imoralidade
Lógica
Materialismo Dialético
Moral
Morte
Natureza
Poder
Realidade
Teoria
Utopia

HISTÓRIA/GEOGRAFIA
Documentação
Geografia
História
História das Mentalidades
Materialismo Dialético
Museu
Numismática
Pantanal
Patrimônio Histórico

PSICOLOGIA
Aborto
Adolescência
Aids
Alcoolismo
Amor
Corpo
Corpo(latria)
Criança
Depressão
Erotismo
Escolha Profissional
Loucura
Morte
Neurose
Parapsicologia
Pênis
Prevenção de Drogas
Psicanálise
Psicanálise - 2.ª visão
Psicodrama
Psicologia
Psicologia Comunitária
Psicologia Social
Psicoterapia
Psicoterapia de Família
Psiquiatria Alternativa

Stress
Tabu
Toxicomania
Violência

VIVER ALTERNATIVO/MEDICINA
Acupuntura
Alquimia
Astrologia
Aventura
Contracepção
Ecologia
Enfermagem
Esperanto
Grafologia
Hipnotismo
Homeopatia
Ioga
Magia
Medicina Alternativa
Medicina Popular
Medicina Preventiva
Natureza
Parapsicologia
Psiquiatria Alternativa
Remédio
Superstição
Tarô
Zen

ARTES/COMUNICAÇÕES
Ação Cultural
Arquitetura
Arte
Ator
Beleza
Biblioteca
Cinema
Comunicações
Comunicação Poética
Comunicação Rural
Contracultura
Cultura
Cultura Popular
Design
Documentação
Editora
Esperanto
Fotografia
Gesto Musical
História em Quadrinhos
Indústria Cultural
Jazz
Jornalismo
Jornalismo Operário
Museu
Música
Música Brasileira

Música Sertaneja
Política Cultural
Pós-Moderno
Retórica
Rock
Teatro
Teatro Nô
Urbanismo
Vídeo

LITERATURA
Comunicação Poética
Conto
Direito Autoral
Editora
Escrita Feminina
Ficção
Ficção Científica
Leitura
Língua
Lingüística
Literatura
Literatura Infantil
Literatura Popular
Livro-reportagem
Neologismo
Poesia
Português Brasileiro
Romance Policial
Semiótica
Tradução
Vampiro

CIÊNCIAS EXATAS/BIOLÓGICAS
Astronomia
Cibernética
Ciência
Ciências Cognitivas
Cometa Halley
Computador
Darwinismo
Energia Nuclear
Estatística
Física
Informática
Informática - 2.ª Visão
Inteligência Artificial
Lógica
Matemática
Natureza
Pantanal
Química
Radioatividade
Robótica
Sociobiologia
Tecnologia
Zoologia

Impressão

Porto Alegre • RS • Fone: (051)341-0455

Com filmes fornecidos